14 Avril 1886.

SOMPTUEUX
MOBILIER

DES

XVIe & XVIIIe SIÈCLES

MAGNIFIQUES TAPISSERIES

PRÉCIEUSE COLLECTION

d'Anciennes Porcelaines de Saxe

TABLEAUX

Appartenant à Mme L. M***angin

ET GARNISSANT SON HOTEL

28, RUE DE LA BIENFAISANCE, 28

Commissaire-Priseur : **Me PAUL CHEVALLIER**
10, rue de la Grange-Batelière, 10.

EXPERTS :

M. CH. MANNHEIM	**M. A. BLOCHE**
7, rue Saint-Georges, 7.	23, rue Chauchat, 23.

Pour les Tableaux :

MM. HARO Frères, Peintres-Experts,
14, rue Visconti, et 20, rue Bonaparte.

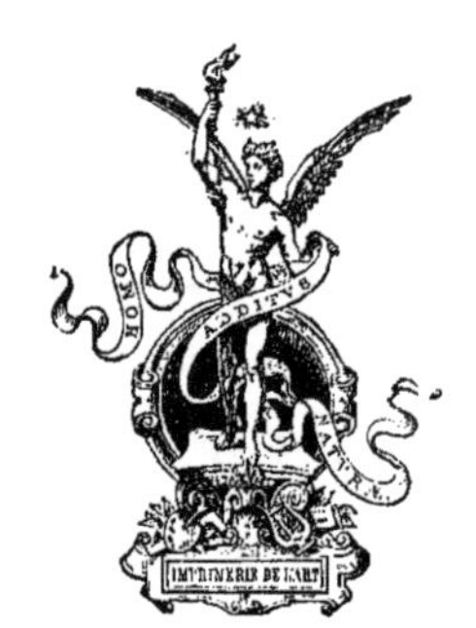
HOMO
IMPRIMERIE DE L'ART

SOMPTUEUX MOBILIER

DES

XVIe ET XVIIIe SIÈCLES

PARIS — IMPRIMERIE DE L'ART
E. MÉNARD ET J. AUGRY, 41, RUE DE LA VICTOIRE

CATALOGUE

D'UN

SOMPTUEUX MOBILIER

DES XVIe ET XVIIIe SIÈCLES

Beaux Meubles en bois, sculptés et dorés; Jolie Épinette sculptée et décorée
Grand Salon en tapisserie
Chambre à coucher en superbes broderies Louis XIV
Salon en broderie vénitienne
Belles Portes; Boiseries de la Renaissance

MAGNIFIQUES SUITES DE TAPISSERIES

A SUJETS MYTHOLOGIQUES ET ALLÉGORIQUES

Tentures, Étoffes, Vitraux, Lustres, Appliques, Bronzes d'art et d'ameublement, Marbres

REMARQUABLE COLLECTION D'ANCIENNES PORCELAINES DE SAXE

Groupes, Statuettes, Pièces de forme

BELLE ARGENTERIE ARTISTIQUE

Émaux cloisonnés; Porcelaines de Sèvres, Chine et Japon; Faïences italiennes

TABLEAUX ANCIENS

Le tout appartenant à Mme L. M...

ET GARNISSANT SON HOTEL, OU LA VENTE AURA LIEU

PAR SUITE DE DÉPART

28, Rue de la Bienfaisance, 28

Les Mercredi 14, Jeudi 15, Vendredi 16 et Samedi 17 Avril 1886

ET JOURS SUIVANTS (S'IL Y A LIEU), A DEUX HEURES

Me Paul CHEVALLIER, Commissaire-priseur
10, rue de la Grange-Batelière, 10

EXPERTS

POUR LES OBJETS D'ART ET D'AMEUBLEMENT :

M. Ch. MANNHEIM	**M. A. BLOCHE**
7, rue Saint-Georges, 7	23, rue Chauchat, 23

POUR LES TABLEAUX :

MM. HARO Frères, peintres-experts, 14, rue Visconti, et 20, rue Bonaparte.

EXPOSITIONS

PARTICULIÈRE	PUBLIQUE
Les Dimanche 11 et Lundi 12 Avril	**Le Mardi 13 Avril 1886**

De 1 heure à 6 heures.

CONDITIONS DE LA VENTE

Elle sera faite *expressément* au comptant.

Les Acquéreurs paieront CINQ POUR CENT en sus des enchères, applicables aux frais de la vente.

L'exposition mettant le public à même de se rendre compte de l'état des objets, il ne sera admis aucune réclamation une fois l'adjudication prononcée.

Paris. — Imprimerie de l'Art. E MÉNARD et J. AUGRY 41, rue de la Victoire.

DÉSIGNATION DES OBJETS

VESTIBULE

1 — Paire de belles portières en velours rouge, encadrées de bandes en ancienne tapisserie fond jaune à fleurs et feuillages, accompagnées d'embrasses et de gros glands en passementerie assortie.

Haut., 3 m. 10 cent.; larg., 1 m. 55 cent.

2 — Paire de belles portières en velours rouge, avec bandes sur trois côtés en ancienne tapisserie à guirlandes de fleurs fond havane, accompagnées d'embrasses et de glands en passementerie assortie.

Haut., 3 m. 10 cent.; larg., 1 m. 10 cent.

3 — Décoration de baie composée de deux grandes portières à double face et une draperie formant

lambrequin, en velours rouge, avec larges bandes en ancienne tapisserie, représentant, d'un côté, des guirlandes de fleurs et des rinceaux, et, de l'autre côté, des guirlandes de fleurs. Relevés par des cordelières avec glands, embrasses et passementerie assortie.

D'un côté, cette baie est encadrée d'une cantonnière formée par un bandeau et deux pentes en ancienne tapisserie offrant des guirlandes de fruits, de fleurs et de feuillages sur fond havane.

Haut., 3 m. 10 cent.; larg., 1 m. 92 cent.
Longueur de la cantonnière, 3 m. 10 cent.; haut., 3 m. 10 cent.

4 — Quatre patères en cuivre poli.

5 — Beau panneau en tapisserie, représentant un paysage pittoresque avec scènes champêtres : *le Marchand de fruits et de légumes, le Jardinier et la Petite Chevrière,* compositions de petits personnages gracieusement groupés au bord d'une route qui s'étend à gauche et au pied de verts ombrages à droite. Bordure fond havane, à guirlandes de fleurs, avec volatiles aux angles. Époque Louis XIV.

Haut., 2 m. 90 cent.; larg., 4 m. 45 cent.

6 — Très beau panneau en tapisserie, représentant un jeune prince venant demander à un roi la main de sa fille. Jolie scène bien dessinée, se passant à l'entrée d'un palais; au bord de la mer,

de jeunes bateliers amarrent leur barque et un grand bâtiment est à l'ancre. Bordures sur trois côtés, analogues à celle de la tapisserie précédente. Époque Louis XIV.

Haut., 2 m. 90 cent.; larg., 4 m. 70 cent.

7 — Panneau en tapisserie, représentant un paysage montagneux animé de volatiles, avec bordure sur trois côtés, à guirlandes de fleurs. Époque Louis XIV.

Haut., 2 m. 90 cent.; larg., 70 cent.

8 — Panneau en tapisserie, représentant Diane à la chasse, avec bordure à guirlandes de fleurs sur fond havane. Époque Louis XIV.

Haut., 2 m. 90 cent.; larg., 1 m. 20 cent.

9 — Deux petits panneaux en tapisserie, représentant des paysages boisés, avec bordures en haut et en bas, à fleurs. Époque Louis XIV.

Première hauteur, 2 m. 90 cent.; larg., 58 cent.
Deuxième hauteur, 2 m. 90 cent.; larg., 42 cent.

10 — Grande tapisserie d'Aubusson, à paysages chinois, avec grands oiseaux au plumage multicolore, encadrés d'une bordure à fleurs sur fond brun. Cette tapisserie est posée comme tapis, couvre une partie du vestibule et tourne d'un côté au pied de l'escalier.

Haut., 3 m. 50 cent.
Longueur dans son plus grand développement, 5 mètres.

11 — Tapisserie d'Aubusson à paysages chinois, avec volatiles, encadrée d'une bordure à fleurs sur fond brun. Cette tapisserie est posée comme tapis, couvre la seconde partie du vestibule.

Haut., 3 m. 55 cent.; larg., 2 m. 85 cent.

12 — Table rectangulaire à deux tiroirs, en bois sculpté, avec pieds à pilastres surmontés de têtes chimériques; bandeau à godrons et bordure à ornements. Style Louis XIII.

Long., 1 m. 40 cent.; larg., 57 cent.; haut., 77 cent.

13 — Quatre escabeaux en bois sculpté, à dossiers armoriés, offrant aux piétements des masques fabuleux et des enroulements. Style Renaissance.

Haut., 1 m. 5 cent.

14 — Banquette formant coffre, en bois sculpté, offrant sur la façade un écusson et des fleurs sous des arceaux; dessus couvert en ancienne tapisserie représentant des animaux courant dans un paysage.

Long., 1 m. 75 cent.; haut., 50 cent.

15 — Grande et belle jardinière en bois sculpté, avec façade demi-circulaire, surmontée d'un fronton à lions héraldiques et enroulements offrant, en bas-relief, sur les panneaux, des cartouches à écussons encadrés d'arabesques, et

comme montants des cariatides d'hommes et de femmes. Style Renaissance.

Long., 1 m. 5 cent.; prof., 1 mètre; haut., 90 cent.

16 — Lanterne à gaz à trois branches, en fer forgé, décorée d'ornements et d'enroulements. Style Renaissance.

Haut., 85 cent

17 — Jardinière ronde en cuivre repoussé, décor à godrons et arabesques. Époque Louis XIII.

Diam., 58 cent.; haut., 27 cent.

18 — Deux châssis de croisée, composés chacun de deux vitraux peints, représentant des scènes du moyen âge et des armoiries. XVIe siècle.

Haut., 2 mètres; larg., 46 cent.

DEUXIÈME VESTIBULE

19 — Panneau en tapisserie, représentant la Diseuse de bonne aventure, gracieuse composition encadrée d'une bordure à fruits et feuillages entrecoupés de rosaces. XVIIIe siècle.

Haut., 2 m. 50 cent.; larg., 1 m. 55 cent.

20 — Montant formé par une bande de tapisserie représentant des guirlandes de fleurs. Époque Louis XIV.

Haut., 2 m. 50 cent.; larg., 25 cent.

21 — Bandeau en tapisserie, représentant un homme couché au pied d'un arbre. XVIIIe siècle.

Long., 1 m. 30 cent.; larg., 35 cent.

22 — Petite bande en tapisserie à fleurs. XVIIIe siècle.

Long., 1 m. 33 cent.; larg., 35 cent.

23 — Beau lampadaire formé par une figure de nymphe en bronze de *Carrier*, monté sur socle en marbre cannelé blanc veiné et rouge griotte.

Haut., 2 m. 10 cent.

24 — Tabouret en bois sculpté, avec pieds contournés ralliés par un croisillon, couvert en ancienne tapisserie représentant un écusson avec lions héraldiques. Époque Louis XIII.

Haut., 45 cent.

ESCALIER

CONDUISANT AU PREMIER ÉTAGE

25 — Magnifique décoration murale composée d'une suite d'anciennes tapisseries représentant des sujets mythologiques : allégorie à la vie de Diane et des nymphes, des scènes champêtres à petits personnages gracieusement groupés au milieu de délicieux paysages et de parcs; les tapisseries

sont encadrées de jolies bordures représentant des fleurs, des rinceaux et des baldaquins sur fond havane. Époque Louis XIV.

Longueur totale, 9 mètres ; hauteur moyenne, 3 m. 5 cent.

26 — Montant et bandeau formant encadrement de croisée, en ancienne tapisserie analogue aux bordures précédentes.

27 — Petit panneau en ancienne tapisserie, représentant un personnage dans un paysage boisé, au bord d'une rivière.

Long., 1 m. 25 cent.; haut., 55 cent.

28 — Lanterne d'escalier à quatre faces, en fer forgé, dessin à rinceaux et feuillages. Style Louis XIII.

Haut., 1 m. 20 cent.

29 — Deux châssis de croisée, ornés chacun de deux vitraux du XVIe siècle représentant des sujets allégoriques à personnages en armure, des armoiries avec inscription et date.

Haut., 2 mètres; larg., 40 cent.

PREMIÈRE ANTICHAMBRE

30 — Paire de portières en velours rouge, avec bandes sur trois côtés, en ancienne tapisserie

représentant des guirlandes de fruits et de fleurs, accompagnées d'embrasses avec glands en passementerie assortie.

Haut., 3 m. 50 cent.; larg., 1 m. 20 cent.

31 — Paire de très belles portières formées par une grande tapisserie représentant des enfants se livrant aux travaux du jardinage dans un parc où l'on voit une fontaine à figure de sphinx sous de verts ombrages, et, au fond, en perspective, des villages sur des montagnes, avec bordures à guirlandes de fleurs et de fruits, corbeilles et lambrequins. Époque Louis XIV.

Ces tapisseries ont été repliées dans le haut et, dans le bas, une partie du terrain est de travail moderne. Cette adjonction et ce remploiement n'ont été opérés que pour surélever les sujets principaux, et, en supprimant la partie moderne, ces tapisseries seront facilement rendues dans toute leur hauteur à leur état primitif.

Haut., 3 m. 40 cent.; largeur totale, 3 m. 60 cent.

32 — Grande et belle armoire en bois de noyer sculpté et marqueté, d'aspect monumental, offrant, sur chaque battant, des portails surmontés de têtes de chérubins; comme montants, des colonnes d'appliques surmontées de chapiteaux et, dans le bas, sur chaque battant, des cartouches composés d'ornements avec fronton à têtes d'anges. Époque Louis XIV.

Haut., 2 m. 35 cent.; larg., 1 m. 80 cent.

33 — Grande banquette formant coffre, en bois sculpté. Travail en partie du XVIe siècle. Le dossier, à fronton, représente des cariatides de femmes, au milieu d'arabesques, tenant un écusson. Les accotoirs sont formés de chimères surmontées de cariatides, et le bas présente, sur la façade, un cartouche à écusson et figures d'Amphitrite couchées sur des dauphins. Le tout encadré d'un tore très en ressaut; dessin dit à chainettes; couverte en drap bleu.

Long., 2 mètres; prof., 48 cent.; haut., 1 m. 35 cent.

34 — Deux consoles-supports d'applique, en bois sculpté, formées de monstres accroupis. Style XVIe siècle.

Haut., 80 cent.

35 — Trois consoles-supports d'applique, en bois sculpté, représentées par des satyres accroupis. Style XVIe siècle.

Haut., 60 cent.

36 — Paire de lampes formées par deux grosses potiches de forme sphérique, en ancienne faïence de Castel-Durante, offrant, sur la panse, des médaillons à bustes de personnages, fond bleu à grandes fleurs et palmes polychromes. Monture en bronze noirci.

Haut., 45 cent.

37 — Lampe formée par une jolie potiche en an-

cienne faïence de Castel-Durante, décorée de médaillons à bustes de guerriers et de femmes sur fond jaune, encadrés de trophées allégoriques et de têtes de chérubins en couleur sur fond bleu. Monture en bronze noirci.

Haut., 52 cent.

38 — Paire de grands et beaux vases en faïence d'Urbino, avec anses à serpents, décorés, sur la panse, de sujets allégoriques et de figures d'empereur et de roi à cheval, avec inscriptions sur un piédouche : LEOPOLDVS IMPERATOR · SEMPE AVGVSTVS, d'un côté, et, de l'autre, 1687 INVRBANIA.

Sur l'autre piédouche, on lit : CAROLVS V TVLIGNORVM DVX.

Haut., 70 cent.

39 — Grand et beau vase en faïence d'Urbino, décor raphaélesque, offrant, sur chaque côté, des médaillons à sujets allégoriques dans des cartouches à cariatides de sirènes, entourés de figures d'enfants sur des dauphins, d'amours dans les airs et de sphinx, avec anses formées de deux cariatides de sirènes ailées. XVIIe siècle.

Haut., 50 cent.

40 — Plat rond en faïence de Castelli, décor repré-

sentant un campement animé de personnages de l'antiquité. xviie siècle.

Diam., 44 cent.

41 — Quatre petites assiettes en faïence de Castelli, décor à paysages, monuments en ruines et sujets champêtres. xviiie siècle.

Diam., 19 cent.

42 — Plat rond en faïence d'Urbino, représentant une scène du Nouveau Testament. xviie siècle.

Diam., 40 cent.

43 — Quatre jolies petites assiettes en faïence de Castelli, décor à paysages et monuments en ruine, avec armoiries. xviiie siècle.

Diam., 17 cent.

44 — Deux vases à anses détachées, en faïence d'Urbino, décor raphaélesque représentant une mêlée de figures allégoriques, anges, amours et génies au milieu d'ornements. xviie siècle.

Haut., 32 cent.

45 — Plat rond en faïence d'Urbino, représentant une scène de combat; il porte, au revers, une inscription et la date 1545.

Diam., 45 cent.

46 — Plat rond en faïence d'Urbino, représentant un guerrier sur un char de triomphe et des personnages allégoriques dans les nuages avec inscription au revers. XVIIe siècle.

Diam., 29 cent.

47 — Plat rond en faïence de Castelli, représentant Hercule combattant Cerbère ; surmonté d'un blason, bordure à amours et guirlandes de fleurs.

Diam., 29 cent.

48 — Plat rond en faïence d'Urbino, représentant un sujet mythologique, amours dans les nuages, avec inscription au revers.

Diam., 27 cent.

49 — Plat rond en faïence d'Urbino, représentant une allégorie à l'histoire d'Ève.

Diam., 28 cent.

50 — Petite assiette en faïence de Castelli, représentant l'enlèvement de Proserpine ; bordure à amours et ornements fond bleu.

Diam., 18 cent.

51 — Petite assiette en faïence de Castelli dorée, représentant le char d'Amphitrite, conduit par Neptune ; bordure à amours sur fond jaune.

Diam., 20 cent.

52 — Petit plat en faïence d'Urbino, offrant au centre un amour et autour des dessins raphaélesques. XVIIe siècle.

Diam., 22 cent.

53 — Petit plat en faïence de Castelli, représentant au centre une famille de paysans, et sur la bordure des arabesques et des figures d'amours.

Diam., 23 cent.

54 — Plat rond en faïence d'Urbino, représentant un cavalier sur un cheval lancé au galop.

Diam., 23 cent.

55 — Petit plat en faïence de Castelli, représentant Saül, distrait par la musique; bordure à figures d'amours et arabesques.

Diam, 23 cent.

56 — Petit plat en faïence de Castelli dorée, offrant au centre l'Amour au miroir, avec bordure à arabesque et écusson.

Diam., 25 cent.

57 — Table à jeu en bois d'acajou et ornée de cuivre. Louis XVI.

Haut., 78 cent.

58 — Tapis d'Orient, fond bleu à médaillons et semis de fleurs; bordure à petits dessins.

Long., 4 m. 55 cent.; larg., 3 m. 80 cent.

59 — Carpette d'Orient, fond gros bleu, dessin à ornements et palmes.

Long., 2 mètres; larg., 1 m. 20 cent.

GRAND SALON

60 — Magnifique décoration en ancienne tapisserie du temps de Louis XIV, se composant de sept panneaux de tenture et deux grandes portières formant une suite, représentant des enfants se livrant aux travaux de l'horticulture, du jardinage, cueillant des fruits, portant des gerbes de fleurs; dans des parcs de châteaux royaux dessinés d'après Lenôtre. Encadrées de superbes bordure à fleurs et enroulements.

Ensemble des plus rares; une partie de tapisserie des panneaux de tenture est remployée dans le bas.

Premier panneau. Long., 5 m. 60 cent.; haut., 2 m. 75 cent.
Deuxième panneau. Long., 1 m. 90 cent.; haut., 2 m. 75 cent.
Troisième panneau. Long., 2 m. 15 cent.; haut., 2 m. 75 cent.
Quatrième panneau. Long., 65 cent.; haut., 2 m. 75 cent.
Cinquième panneau. 90 cent.; haut., 2 m. 75 cent.
Sixième panneau. Long., 85 cent.; haut., 2 m. 75 cent.
Septième panneau. Long., 67 cent.; haut., 2 m. 75 cent.
Première portière. Long., 2 m. 60 cent.; haut., 3 m. 40 cent.
Deuxième portière. Long., 2 m. 45 cent.; haut., 3 m. 40 cent.

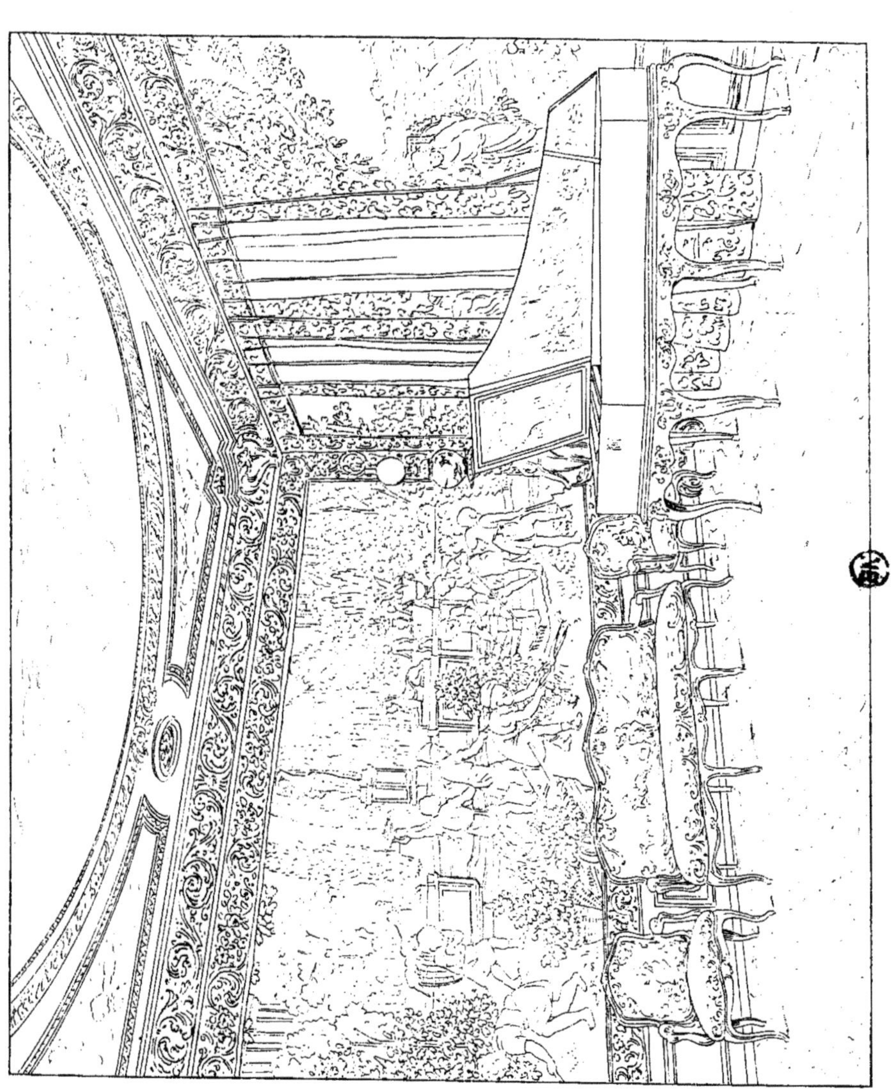

61 — Deux paires de grands rideaux et deux paires de portières en satin jaune, avec larges et belles bandes en ancienne tapisserie du temps de Louis XIV, représentant des amours prenant leurs ébats au milieu de guirlandes de fruits et de fleurs, des trophées de carquois et de flèches suspendus dans des rinceaux enguirlandés de fleurs et animés d'oiseaux.

Long., 1 m. 90 cent.; haut., 3 m. 40 cent.

62 — Décoration de cheminée, composée d'une tablette en ancienne tapisserie à petits personnages, sujet champêtre, encadrés de fleurs et de rinceaux en satin jaune, avec bordures en ancienne tapisserie analogue à celle des portières.

Tablette. Long., 2 m. 5 cent ; prof. 45 cent.
Rideaux. Long., 2 mètres; haut., 1 m. 5 cent.

63 — Très beau meuble de salon, en bois sculpté et doré, dessin à coquilles et feuillages couverts de charmantes tapisseries, représentant des sujets champêtres à petits personnages et des allégories aux fables de La Fontaine, encadrés de coquilles, d'enroulements et de guirlandes de fleurs; époque Louis XIV; il se compose d'un grand canapé et dix fauteuils.

Canapé. Long., 2 mètres; haut., 1 mètre.
Fauteuils. Long., 70 cent.; haut., 95 cent.

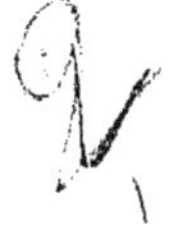

64 — Quatre chaises en bois sculpté et doré, couvertes en ancienne tapisserie, représentant aux

dossiers des amours et des scènes champêtres; sur les sièges, des allégories aux fables de La Fontaine. Encadrées de guirlandes de fleurs. Époque Louis XV.

Haut., 88 cent.

65 — Bel écran en bois finement sculpté et doré, grand dessin Louis XIV, à coquilles et enroulements avec panneau en tapisserie de Bérain, représentant sous un baldaquin à draperie, au milieu d'un médaillon à feuillages : un joueur de tambourin; au-dessous se dessinent des rinceaux et des corbeilles de fleurs. Revers gainé en satin rouge.

Haut., 1 m. 10 cent.; larg., 75 cent.

66 — Deux grands et beaux fauteuils en bois sculpté et doré, dessin Louis XIV, couverts de superbes broderies d'or en haut-relief, fleurs de lis se détachant sur fond de satin rouge, bordés de velours gros bleu, gainés au revers de satin rouge et garnis de franges et de passementeries assorties.

Larg., 70 cent.; haut., 1 m. 20 cent.

67 — Tabouret carré en bois sculpté et doré, décor à coquilles et enroulements, époque Louis XIV, couvert en velours rouge.

Haut., 40 cent.

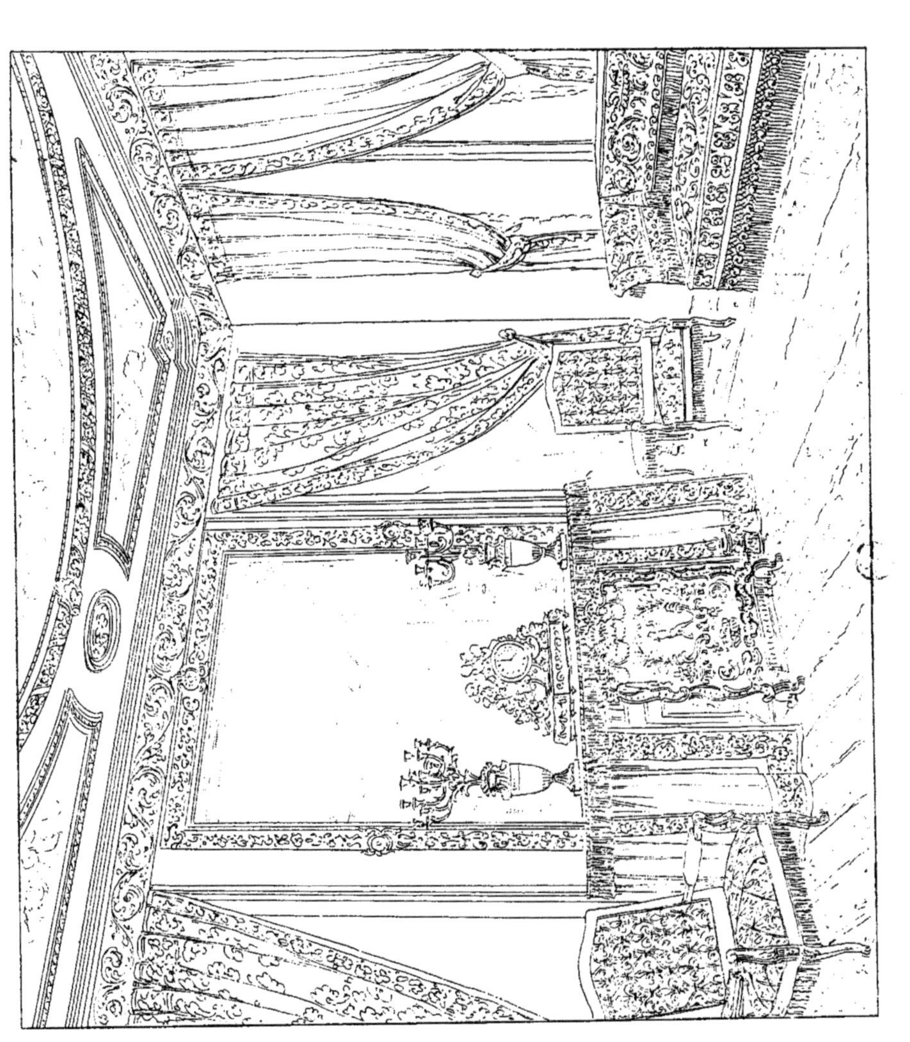

68 — Très joli canapé couvert de broderie ancienne, d'or et d'argent en haut-relief, représentant des corbeilles de fruits, de fleurs et des arabesques à pivoines, marguerites et tulipes sur fond de satin rose, garni de franges à passementeries de soie assorties. Monté sur fond de velours vert ancien et gainé de soie rose.

Long., 1 m. 85 cent.; haut., 84 cent.

69 — Trois coussins à fond de satin jaune, avec applications bleu et rose, et médaillons en tapisserie au petit point, représentant les Petits Joueurs de boules, les Chercheurs de nids d'oiseaux et la Sirène.

Long., 50 cent.; larg., 45 cent.

70 — Deux grands lampadaires, représentant des figures de femmes, allégories au jour et à la nuit, en bois finement sculpté et doré; élevés sur socles à grands enroulements. Louis XIV.

Haut., 1 m. 80 cent.

71 — Paire de lampes formées de grosses potiches en ancienne faïence d'Urbino, décor à figures dans des paysages; montures en bronze doré.

Haut., 42 cent.

72 — Très belle épinette, décorée à l'intérieur d'une gracieuse composition mythologique, où l'on

voit Minerve accueillie par les nymphes jouant de la musique, et sur un autre panneau un couple d'amoureux, gentilshomme et grande dame se promenant dans un parc. Le dessus et le pourtour représentent des trophées de musique champêtre, des vases de fleurs, des oiseaux au milieu d'encadrements à dessins élégants, inspirés de Bérain, se détachant en ton d'or sur fond vert. La partie sous les cordes à l'intérieur est décorée de bouquets de fleurs et d'ornements ; elle porte la date 1612.

Signée IOANNES. RVCKERS. FECIT. ANTVERPIAE.

Cette épinette est supportée par une élégante console en bois finement sculpté et doré, offrant en bas-relief des têtes de femmes et des trophées d'instruments de musique. Les pieds à contours sont ornés de coquilles et d'enroulements, et la moulure offre une suite de feuilles d'acanthe.

Ensemble rare et intéressant.

Long., 2 m. 22 cent.; haut., 1 mètre.

73 — Très belle garniture de cheminée, composée d'une pendule en marbre blanc à cadran tournant, signé *Beurdeley*, autour duquel sont groupés des amours tenant des guirlandes de fleurs, et des colombes dans les nuages, en bronze ciselé et doré. Le socle est orné d'une frise à arabesques et de guirlandes de fleurs. Les candélabres sont formés de vases en marbre blanc, richement

montés en bronze ciselé et doré. Ornés d'anses à figures de faunesses; posés sur têtes de satyres et tenant des couronnes de fleurs. Autour de la panse se détachent des bas-reliefs à petits amours. Les pieds sont ornés d'un tore de laurier; les bouquets à sept lumières représentent des rinceaux feuillagés, supportés par des têtes d'aigles et s'échappant d'une gerbe de feuillage. Ensemble de style Louis XVI.

Pendule. Haut., 67 cent.; larg., 65 cent.
Candélabres. Haut., 97 cent.

74 — Devant de feu formé de deux beaux chenets en bronze ciselé et doré, à brûle-parfums, guirlandes de fleurs et ornements style Louis XVI, avec galerie à balustre en cuivre poli.

75 — Deux paires de grands et beaux rideaux en ancien filet vénitien, avec embrasses assorties.

Haut., 3 m. 40 cent.

76 — Deux paires de rideaux de vitrage, en ancien filet vénitien.

Haut., 3 m. 20 cent.

77 — Grand et beau tapis de Perse, à très petit dessin sur fond gros bleu, avec bordure multiple et multicolore.

Long., 6 m. 95 cent.; larg., 5 m. 50 cent.

PETIT SALON

78 — Deux beaux divans forme ottomane, couverts de broderie à oiseaux, fleurs et arabesques sur fond de drap bleu, garnis de draperies et de glands. Travail d'Orient.

Long., 1 m. 80 cent.; prof., 80 cent.; haut., 1 mètre.

79 — Divan forme lit de repos, tout en broderie, dessin à rosaces et ornements sur fond de drap rouge. Travail d'Orient.

Long., 2 m. 5 cent.; larg., 80 cent.; haut., 47 cent.

80 — Cinq coussins en broderie d'Orient, dessin à ornements sur fond de drap rouge.

Long., 60 cent.; larg., 60 cent.

81 — Deux chaises en bois de fer sculpté à jour, garnies de coussins en broderie d'Orient, sur fond de drap rouge.

Larg., 70 cent.; haut., 1 m. 15 cent.

82 — Coussin en drap rouge brodé d'argent. Travail oriental.

Long., 45 cent; larg., 37 cent.

83 — Paire de grands rideaux en broderie d'Orient, riche dessin à rosaces et fleurs, sur fond de drap

rouge, avec embrasses et patères assorties, doublées en soie rouge.

Larg., 1 m. 15 cent.; haut., 3 m. 40 cent.

84 — Paire de grandes et belles portières en broderie d'Orient, dessin dit mosaïque à étoiles et rosaces sur fond gros bleu, avec embrasses et patères assortis, doublées en soie rouge.

Larg., 1 m. 25 cent.; haut., 3 m. 40 cent.

85 — Grande et belle portière à fond de drap rouge, couvert de broderie à rosaces, branchages et fleurs enlacés, avec embrasses et patères assortis.

Larg., 2 m. 50 cent.; haut., 3 m. 40 cent.

86 — Belle portière analogue à la précédente.

Larg., 2 m. 50 cent.; haut., 3 m. 40 cent.

87 — Deux grands panneaux formant tenture murale en broderie d'Orient, brodés d'étoiles et de rosaces à fleurs, sur fond de drap rouge. Bordures à dessins disposés en guirlandes.

Larg., 2 mètres; hauteur, environ 3 m. 40 cent.

88 — Deux panneaux en broderie d'Orient, formant tenture murale, dessin à grands médaillons arabesques et fleurs sur fond de drap rouge et de drap gros bleu.

Larg., 75 cent.; haut., 3 m. 40 cent.

89 — Deux panneaux en broderie d'Orient, dessin à étoiles et rosaces sur fond de drap rouge.

Larg., 87 cent.; haut., 3 m. 4 cent.

90 — Deux panneaux en broderie d'Orient, sur fond de drap gros bleu, dessin à rosaces et fleurs.

Larg., 40 cent.; haut., 3 m. 40 cent.

91 — Panneau en broderie d'Orient, représentant un médaillon à chimère et serpent au milieu d'un semis d'ornements, sur fond de drap gros bleu, encadrement en drap rouge brodé à arabesques.

Larg., 1 m. 37 cent.; haut., 1 mètre.

92 — Plafond composé de trois panneaux en broderie d'Orient, dont les dessins rappellent ceux des tentures.

Long., 5 m. 50 cent.; larg., 3 m. 30 cent.

93 — Décoration de cheminée en broderie orientale, dans le même goût, composée d'un encadrement de glace, d'une tablette et de rideaux.

Larg., 1 m. 40 cent.

94 — Paire de grands rideaux de croisée, en ancien filet vénitien avec embrasses.

Haut., 3 m. 40 cent.

95 — Paire de grands rideaux de vitrage en ancien filet vénitien.

Haut., 3 m. 20 cent.

96 — Grand tapis ancien d'Orient, fond gros bleu à semis de fleurs et d'ornements, avec animaux courant tout autour du médaillon central; bordure à petit dessin.

Long., 5 m. 50 cent.; larg., 3 m. 30 cent.

97 — Carpette orientale, fond rouge, dessin à palmes; bordure large à quatre bandes, dessin à fleurs et arabesques.

Long., 2 m 45 cent.; larg., 90 cent.

98 — Tapis de table, grand dessin à rosaces et fleurs tout en broderie d'Orient, sur fond de drap de différentes nuances; bordé d'une frange multicolore.

Long., 1 m. 90 cent.; larg., 1 m. 60 cent.

99 — Très curieuse pendule, forme de pagode en émail cloisonné de Chine, travail repercé à jour, enrichie sur les côtés de médaillons en lapis avec applique en bronze doré à anneaux mobiles. Elle est couronnée par une chimère jouant avec une boule, bronze partie frottée, et les aiguilles représentent des dragons au dard menaçant. Travail ancien. Élevée sur socle en bois sculpté à jour.

Haut., 55 cent.

100 — Deux candélabres formés par des torchères de pagodes, en ancien émail cloisonné de Chine,

fond bleu turquoise, dessin en couleur; surmontés de bouquets d'œillets à cinq lumières en bronze doré.

Haut., 57 cent.

101 — Paire de flambeaux forme vase, en ancien émail cloisonné de Chine, fond bleu turquoise, décor à arabesques et feuilles d'eau en couleur. Surmontés de dauphins en bronze doré.

Haut., 30 cent.

102 — Lampe forme gourde, en ancien émail cloisonné de Chine, décor à rosaces et entrelacs en couleur, sur fond bleu turquoise, ornée d'anses à têtes de lions avec anneaux mobiles; monture bronze doré.

Haut., 40 cent.

103 — Beau devant de feu, formé de deux intéressantes statuettes en bronze ancien et doré du Tonkin, avec costumes en émail cloisonné, fond bleu turquoise rehaussé de dessins en couleur. Ces statuettes représentent des enfants agenouillés se tendant les bras et sont montées sur deux socles carrés en bronze doré, gravé et repercé, ralliés par une galerie à jour. Exécutés dans le style chinois.

Long., 1 mètre; haut., 45 cent.

104 — Vase en ancien émail cloisonné de Chine,

fond bleu turquoise, offrant en couleur des volatiles, des plantes, des papillons et, autour du pied, des chevaux courant. Orné de deux anses à appliques et anneaux mobiles.

Haut., 42 cent.

105 — Beau vase en ancien émail cloisonné de Chine, représentant des suites d'arabesques et de rosaces en couleur, sur fond bleu turquoise, avec anses en bronze doré à anneaux mobiles.

Haut., 43 cent.

106 — Très belle jardinière rectangulaire, composée de deux grandes plaques en ancien émail cloisonné de Chine, représentant des sujets allégoriques à personnages dans des paysages, et sur les côtés de deux plaques couleur lapis. Riche monture en bronze doré, simulant le bambou, avec pieds à jour, ornés de fleurs en relief.

Long., 75 cent.; larg., 35 cent.; haut., 48 cent.

107 — Très belle statue en marbre blanc : *Sylvie*, par *d'Epinay*.

Haut., 1 m. 10 cent.

108 — Paire de lampes formées de jolies potiches, en ancienne porcelaine du Japon, décorées d'arbres en fleurs, sur la panse, et de guirlandes de fleurs autour du col, en polychrome à rehauts d'or; monture en bronze doré. Style Louis XVI.

Haut., 53 cent.

109 — Canard formant cassolette, en ancien émail cloisonné de Chine à plumage multicolore; socle en bronze doré et gravé à ornements à jour.

Haut., 26 cent.

110 — Bol en ancien émail cloisonné de Chine, fond bleu turquoise, décor à arabesques en couleur; sur pied en bois sculpté.

Haut., 12 cent.

111 — Petit vase à panse sphérique, en ancien émail cloisonné de Chine, décor nuage et chauve-souris en couleur, sur fond bleu turquoise. La gorge intérieurement est décorée d'arabesques.

Haut., 14 cent.

112 — Deux perroquets en ancienne porcelaine de Chine, montés sur socles à rocailles en bronze doré. Style Louis XV.

Haut., 22 cent.

113 — Deux flacons à encens, forme carrée et surbaissée, en ancien émail cloisonné de Chine, dessin en couleur, sur fond bleu turquoise, avec partie en bronze repercé et doré.

Haut., 9 cent.

114 — Petit vase cylindrique, en ancien émail cloi-

sonné de Chine, décor par bandes bleu turquoise et gros bleu, rehaussé d'arabesques et de fleurs en couleur, élevé sur trois pieds avec anses à papillons en bronze.

Haut., 8 cent.

115 — Deux jardinières, en ancien émail cloisonné de Chine, avec anses à têtes d'éléphant, décor fond bleu turquoise, avec fruits et chauve-souris en couleur.

Haut., 8 cent.

116 — Coupe en ancien émail cloisonnné de Chine, fond bleu turquoise, décor lambrequins, pampilles et arabesques en couleur.

Haut., 15 cent.

117 — Boite oblongue, forme carrés enlacés en ancien émail cloisonné de Chine, fond bleu turquoise, ornements en couleur; dessus en bronze doré; bordure dessin à grecques.

Long., 12 cent.; haut , 5 cent.

118 — Petit brûle-parfums en émail cloisonné de Chine, fond bleu turquoise, rehaussé de grecques en couleur, orné d'une anse à jour avec couvercle à saillies.

Haut., 10 cent.

119 — Deux petits flacons forme bouteilles, à panses

aplaties, en ancien émail cloisonné de Chine, fond bleu turquoise, décor à fleurs et arabesques en couleur.

Haut., 9 cent.

120 — Chimère en ancienne porcelaine de Chine, décor brun, vert et jaune.

Haut., 16 cent.

121 — Petite chimère en ancienne porcelaine de Chine, décor vert, jaune et brun.

Haut., 10 cent.

122 — Très joli lustre à neuf lumières, en ancien émail cloisonné de Chine, fond bleu turquoise, décor à chimères, feuillages et ornements en couleur; monture en bronze ciselé et doré dans le style chinois.

Haut., 1 mètre; larg., 75 cent.

123 — Table à jeu en acajou à filets de cuivre. Louis XVI.

Larg., 90 cent.; haut., 73 cent.

124 — Très beau plat en ancien émail cloisonné de Chine, fond bleu turquoise à chimères en couleur, revers décor à arabesques.

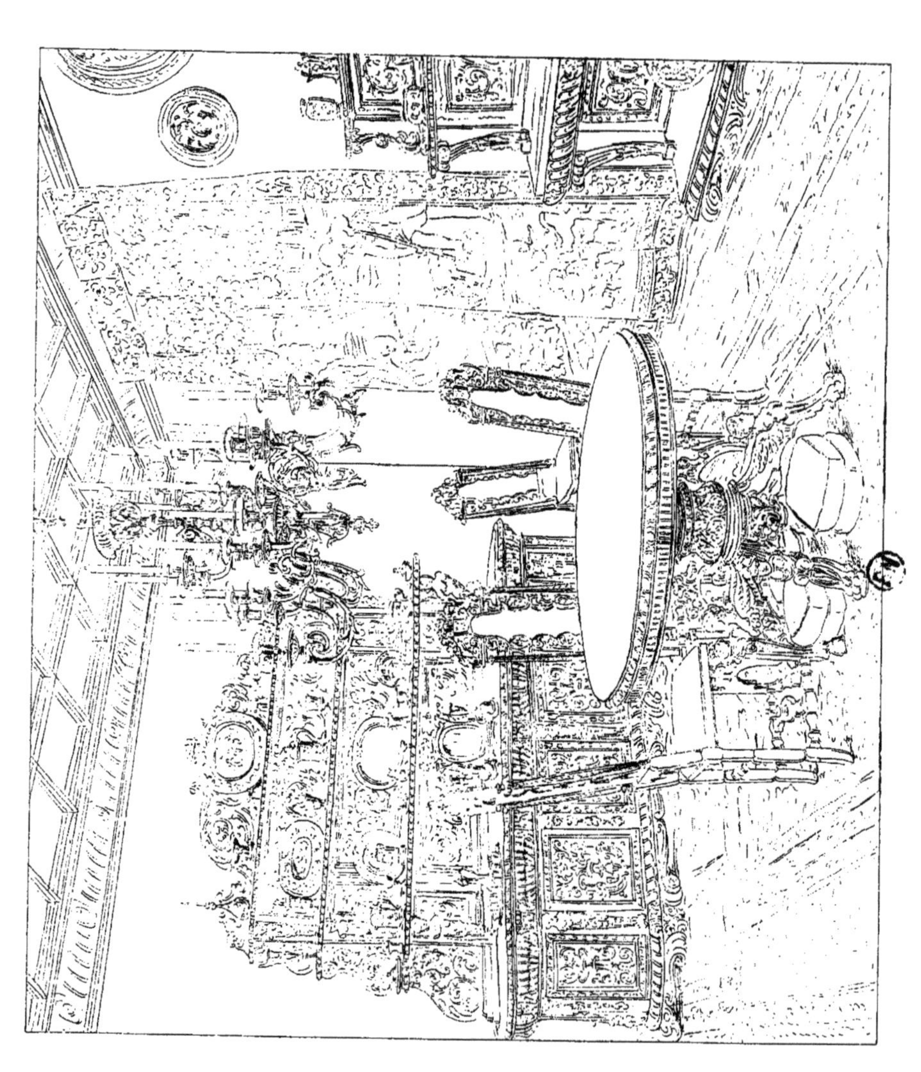

SALLE A MANGER

125 — Grand et superbe buffet-dressoir, à côtés arrondis en bois sculpté, s'ouvrant dans la partie inférieure à huit battants, offrant en bas-relief des gerbes de fleurs, de feuillages et de fruits enlacés dans des rinceaux ; les montants entre chaque panneau représentent des cariatides d'hommes et de femmes ou des têtes de lions, auxquelles sont suspendues des chutes de fruits. Les huit tiroirs sont sculptés à godrons contournés et feuilles d'acanthe. Les trois étagères sont supportées par des cariatides de femmes enguirlandées de fleurs et de fruits. Les panneaux du fond représentent des écussons tenus par des cariatides de sirènes, dont les corps se perdent dans des arabesques à feuillages et au milieu desquelles se détachent des aigles aux ailes déployées et des lions debout. Le fronton, sculpté à jour, représente des sirènes ailées, des enroulements à feuillages et des lions. Travail en partie du XVIe siècle.

Larg., 3 m. 35 cent.; haut., 3 mètres.

126 — Joli dressoir en bois sculpté, à trois étages, supportés par des cariatides de femmes enguirlandées de fruits. Les panneaux du fond sont décorés d'arabesques et d'écussons. Le fronton, à jour, offre des cariatides de sirènes ailées et des

rinceaux feuillagés. Il s'ouvre à deux tiroirs à godrons contournés et feuilles d'acanthe. Travail en partie du XVIe siècle.

Larg., 1 m. 78 cent.; haut., 2 m. 18 cent.

127 — Joli dressoir en bois sculpté, de même style que le précédent.

Larg., 1 m. 90 cent.; haut., 2 m. 18 cent.

128 — Table ovale à rallonges, en bois sculpté, avec piétement formé de quatre cariatides de femmes ailées. Style XVIe siècle.

Larg., 1 m. 35 cent.; long., 1 m. 45 cent.; haut., 80 cent.

129 — Douze chaises, à hauts dossiers armoriés, en bois finement sculpté, représentant des lions héraldiques, des feuillages et des enroulements. Style XVIe siècle. Couvertes en drap bleu.

Haut., 1 m. 38 cent.; larg., 50 cent.

130 — Douze coussins en drap bleu.

131 — Table en bois sculpté, bandeau à godrons, pieds à pilastres. Style Louis XIII.

Long., 1 m. 15 cent.; haut., 80 cent.

132 — Deux très belles croisées, à deux vantaux, composés chacun de trois vitraux anciens, représentant des scènes allégoriques au Nouveau Tes-

tament, des médaillons à bustes de personnages et des dessins de la Renaissance.

Haut., 2 m. 37 cent.; larg., 45 cent.

133 — Deux magnifiques portières formées de tapisseries du temps de Louis XIV, représentant des enfants se livrant aux travaux du jardinage dans des parcs où l'on voit des fontaines de marbre avec figures d'Hercule et de Dieu Pan. Encadrées de bordures à vases de fleurs et guirlandes.

Le haut de ces tapisseries a été remployé pour exhausser les sujets principaux. Le bas du terrain est de fabrication moderne. Cette dernière partie supprimée et la première déployée, ces portières seront rendues facilement à leur état primitif. État de conservation remarquable.

Larg., 2 m. 45 cent.; haut., 3 m. 40 cent.

134 — Deux paires de grands rideaux en drap bleu encadrés de superbes bordures représentant des carquois, des gerbes de fleurs, des trophées et des mascarons de l'époque Louis XIV, avec embrasses et glands assortis.

Larg., 1 m. 60 cent.; haut., 3 m. 40 cent.

135 — Tapis d'Orient, fond bleu à petits dessins, bordure à bandes multiples couvrant la salle à manger.

Larg., 4 m. 90 cent.; long., 6 m. 25 cent.

136 — Quatre carpettes anciennes d'Orient, fond gros bleu à semis de fleurs, bordure à petits dessins polychromes.

Larg., 75 cent.; long., 3 m. 40 cent.

137 — Très beau lustre à vingt lumières, en bronze poli formé de rinceaux à feuillages. Style XVIe siècle.

Haut., 1 m. 10 cent.; larg., 1 m. 10 cent.

138 — Quatre beaux bras d'applique à huit lumières en bronze poli, modèles à rinceaux feuillagés. Style XVIe siècle.

Haut., 52 cent.; prof., 70 cent.

139 — Six patères en bronze poli, représentant des cariatides d'amours. Style XVIe siècle.

140 — Belle pendule avec socle-console en écaille richement ornée de bronze doré, enroulements et coquilles, couronnée par un groupe de Diane et Calysto. Époque Louis XIV.

Larg., 40 cent.; haut., 1 m. 10 cent.

141 — Grand et beau plat en faïence italienne, représentant la Conversion de saint Paul, en émaux verts, bruns et jaunes avec cartouche à inscription dans le bas et bordure à arabesques, figures de Sirènes et d'Amours. Porte la date 1769,

fabrique dite Boccaleria à Trévise. Inscription au revers sur la bordure. Pièce très intéressante comme essai de céramique.

Diam., 63 cent.

142 — Coupe à piédouche en faïence d'Urbino, représentant Dieu donnant à Adam sa compagne. XVIe siècle. Cadre en bois noir.

Diamètre de la coupe, sans cadre, 28 cent.

143 — Plat en faïence d'Urbino, représentant l'Enlèvement de Proserpine. XVIe siècle. Cadre en bois noir.

Diamètre sans cadre, 27 cent.

144 — Belle bouteille en faïence d'Urbino, à panse sphérique décorée d'un médaillon à buste de femme à collerette et d'un saint encadré d'enroulements, fond gros bleu à palmes, fleurs et feuillages. XVIe siècle.

Haut., 47 cent.

145 — Vases cylindriques en faïence d'Urbino, décorés de médaillon à buste de femme à collerette et de figure d'évêque encadrée de grands enroulements fond bleu à palmes, fleurs et feuillages; sur pied en bois noir. XVIe siècle.

Hauteur totale, 43 cent.

146 — Vase cylindrique en faïence d'Urbino, décor à buste de personnage et banderoles à inscriptions dans des cartouches à ornements. Fond bleu à palmes, fleurs et feuillages. XVIe siècle. Monture en bois noir.

Hauteur totale, 47 cent.

147 — Joli plat rond en faïence d'Urbino, avec ombilic au centre représentant un guerrier tenant un amour. Le marli offre une suite d'amours, de sphinx et de figures fabuleuses sous des arceaux dessinés en creux. La bordure dans la même disposition présente des lions héraldiques, des cœurs percés de flèches, des soleils, des fleurs de lis et autres emblèmes. XVIe siècle. Cadre en bois noir.

Diamètre, sans cadre, 44 cent.

148 — Joli plat en faïence d'Urbino, offrant sur l'ombilic une figure de femme tout près d'une fontaine. Le marli présente une suite de médaillons à sujets allégoriques à l'Amour chasseur. La bordure forme un tore à feuillages et rosaces. XVIe siècle. Cadre en bois noir.

Diamètre du plat, 43 cent.

149 — Potiche en faïence d'Urbino, représentant sur la panse, au milieu d'arabesques, palmes et feuilles d'acanthe, un médaillon à buste de guerrier avec banderole au-dessous portant l'inscription : Lappan. XVIe siècle.

Haut., 34 cent.

150 — Deux potiches en faïence d'Urbino, décor à ornements sur fond bleu avec médaillons à figures allégoriques de la musique au milieu de de la panse.

Haut., 34 cent.

151 — Deux plats en faïence de Castelli, offrant au centre des allégories à l'histoire de la Vierge. Bordures à arabesques avec figures d'amours, oiseaux et blasons au centre. XVIIe siècle. Cadres en chêne sculpté.

Diamètre des plats, 30 cent.

152 — Vase cylindrique en faïence de Castel-Durante, offrant un médaillon à figure de femme. Fond jaune à arabesques et ornements en bleu. XVIe siècle.

Haut., 30 cent.

153 — Deux cornets en faïence d'Urbino, décorés de sujets mythologiques : Amours et Déesses dans des paysages. XVIe siècle. Montures en chêne sculpté.

Hauteur totale, 30 cent.

154 — Grand plat en faïence de Caffagiolo, représentant au centre un chasseur à cheval lancé au galop suivi de son chien. Autour, par compartiments, des figures d'amours dans des médaillons fond jaune et écaille de poisson dessinée en bleu,

entrecoupé d'ornements. Bordure à arabesques en bleu. XVIIe siècle. Cadre bois noir.

Diamètre du plat, 45 cent.

155 — Jardinière ovale en cuivre repoussé, supportée par quatre griffes avec anses à anneaux mobiles et têtes de lion. XVIIe siècle.

Haut., 27 cent.; long., 52 cent.; larg., 44 cent.

ARGENTERIE

156 — Vidrecome cylindrique en argent, doré en partie. La panse unie repose sur trois boules, ornées, ainsi que leurs attaches, de fleurs et de feuillages. L'anse décorée de groupes de fruits est surmontée d'une boule ornée, analogue à celles des pieds. Le couvercle présente deux écussons armoriés en relief, encadrés d'ornements. Allemagne. XVIIe siècle.

Haut., 18 cent.

157 — Vidrecome en argent repoussé et doré, à côtes en spirale avec entre-deux à bossages. L'anse est ornée d'une cariatide d'homme avec attache supérieure, composée de rinceaux découpés. Allemagne. XVIIe siècle.

Haut., 17 cent.

158 — Vidrecome en argent repoussé, doré en partie, décoré au pourtour d'une scène tirée de l'histoire d'Assuérus. La base et le couvercle présentent des bourrelets repoussés à rosaces et l'anse se compose d'enroulements. Allemagne. XVIIe siècle.

Haut., 21 cent.

159 — Écuelle ronde avec couvercle et plateau en argent, repoussé et ciselé à palmettes, coquilles, entrelacs et quadrillages dans le goût de la Régence. Les anses plates sont ornées de bustes et le bouton du couvercle d'un buste de femme de profil.

Diamètre du plateau, 22 cent.

160 — Écuelle ronde de même style avec couvercle et plateau en argent, bordée de godrons. Les anses plates sont décorées de palmettes, le couvercle d'ornements rayonnants rapportés en relief et le bouton d'une rosace. Cette pièce est accompagnée d'un double fond.

Diamètre du plateau, 205 millim.

161 — Bougeoir d'évêque, à long manche, en vermeil, orné de godrons et portant des armoiries gravées, surmontées d'un chapeau de cardinal. Travail français de la fin du XVIIe siècle.

Long., 34 cent.

162 — Cuiller à long manche en argent. Le cuilleron profond est décoré d'une figure de suivant de Bacchus repoussée. XVIIe siècle.

Long., 37 cent.

163 — Petite cafetière en argent portant des armoiries gravées. Son manche est en bois noir.

Haut., 10 cent.

164 — Gobelet du temps de Louis XVI, en argent gravé, à rinceaux, avec culot orné de roseaux ciselés en relief et base à tore de laurier.

Haut., 125 millim.

165 — Miroir de toilette, de forme ovale, à biseaux, dans un cadre composé d'une couronne de fruits et placé dans une sorte de monument en argent repoussé, dont les montants décorés de sujets dans le goût de Watteau, en relief, sont garnis de branches porte-lumières tenues par deux enfants tritons et sont reliés par un plateau oblong. La partie supérieure est ornée de groupes de fruits, d'ornements, de vases et de figurines d'enfants.

Haut., 49 cent.; larg., 63 cent.

166 — Cabaret en argent repoussé, décoré de scènes champêtres dans le goût de Watteau. Il se compose d'un plateau ovale, dont le bord est décoré de médaillons bustes de guerriers reliés par des

festons de fruits, d'une cafetière, d'un sucrier dont les anses sont ornées de cariatides, d'un crémier à deux anses et de deux tasses avec soucoupes et cuillers.

Largeur du plateau, 47 cent.

167 — Plat rond en argent repoussé. Il présente, au fond, une scène de bacchanale en bas-relief, et le marli est couvert de rinceaux fleuris et de mascarons.

Diam., 33 cent.

168 — Plateau rond en argent repoussé, à rinceaux feuillagés, oiseaux et corbeilles de fleurs. XVIIe siècle.

Diam., 265 millim.

169 — Petit plateau ovale en argent repoussé. Au fond, un groupe de fruits; au marli, rinceaux et rosaces. XVIIe siècle.

Larg., 27 cent.

170 — Pied de vase en argent ciselé, à culot découpé à jour et composé de feuillages, reposant sur un tronc d'arbre, entouré par quatre figurines en ronde bosse : satyre, nymphe et enfants.

Haut., 115 millim.

171 — Vidrecome à couvercle bombé en argent repoussé, à sujets tirés de la Genèse, et à anse

ornée d'une cariatide de femme. Les pieds sont formés de têtes de satyres.

Hauteur totale, 25 cent.

172 — Cuiller, fourchette et couteau en argent, à manches ornés de cariatides de femmes, de bustes et d'animaux.

173 — Cuiller en argent, à manche orné de dauphins et terminé par un petit navire.

174 — Autre cuiller en argent, avec manche formé de branches de vigne ciselé es et à cuilleron doré.

175 — Buire et son bassin en vermeil. La buire est décorée de frises gravées à lyres, dragons ailés et rinceaux. Elle est de plus ornée de moulures ciselées à feuilles. Son anse, formée d'une lionne debout, repose sur un mascaron tête de femme. Le couvercle est surmonté d'un cygne.

Le bassin, en forme de bateau, présente un décor analogue et ses extrémités sont ornées de mascarons saillants surmontés d'enroulements. Orfèvrerie française.

Hauteur de la buire, 32 cent.; longueur du bassin, 41 cent.

176 — Deux seaux à rafraîchir, en argent ciselé et doré, dont le pourtour présente en bas-relief diverses scènes tirées de l'histoire de Diane. La

base est décorée de feuilles ciselées et le bord supérieur présente des oves.

Haut., 18 cent.; diam., 20 cent.

177 — Cabaret composé d'un plateau rond à deux anses en argent bordé de branches de vigne, d'une carafe en cristal montée en argent et de douze coupes à vin formées chacune d'une tête d'animal. Dans le nombre se trouvent un cerf, un bouc, un chien, un cheval, un bœuf, un singe, un bélier, etc. Travail russe.

Diamètre du plateau, 41 cent.

178 — Deux grands candélabres à neuf lumières chacun, composés d'ornements rocaille et enrichis de figurines d'enfants. Ils portent le poinçon de la maison Odiot.

Haut., 82 cent.

179 — Salière à couvercle, de forme oblongue et à angles coupés, en agate, avec monture en argent ornée de bustes et pieds formés de cariatides.

180 — Deux flambeaux de style Louis XIV, en argent, de forme triangulaire à angles coupés, décorés de mascarons et d'ornements ciselés en relief.

Haut., 265 millim.

181 — Vase cylindro-conique en argent, décoré de trois zones de sujets de chasse en relief, et à cou-

vercle bordé d'une couronne de fleurons et surmonté d'un groupe de dragons tenant des écussons armoriés et d'un lion héraldique debout.

Haut., 31 cent.

182 — Petit plateau ovale en argent, bordé d'une galerie découpée à jour.

Larg., 145 millim.

183 — Plat ovale en argent repoussé. Au fond, combat de deux cavaliers. Au marli, bustes de souverains et groupes de fruits. On lit sur des banderoles au pourtour des bustes : *Sigismondes III D. G. Polon. Rex* et *Anna D. G. Polon. Regina.*

Long., 45 cent.; larg., 32 cent.

184 — Vidrecome en argent dont le pourtour cylindrique présente en bas-relief des scènes tirées de l'histoire de David, des groupes de fruits et des ornements. Le couvercle et l'anse sont ornés des figures de David et de Goliath.

Haut., 33 cent.

185 — Vase en argent, forme dite de Médicis, en argent, à culot godronné et panse décorée d'une frise de rinceaux en relief. Travail anglais.

Haut., 17 cent.

186 — Paire de mouchettes en argent sur plateau

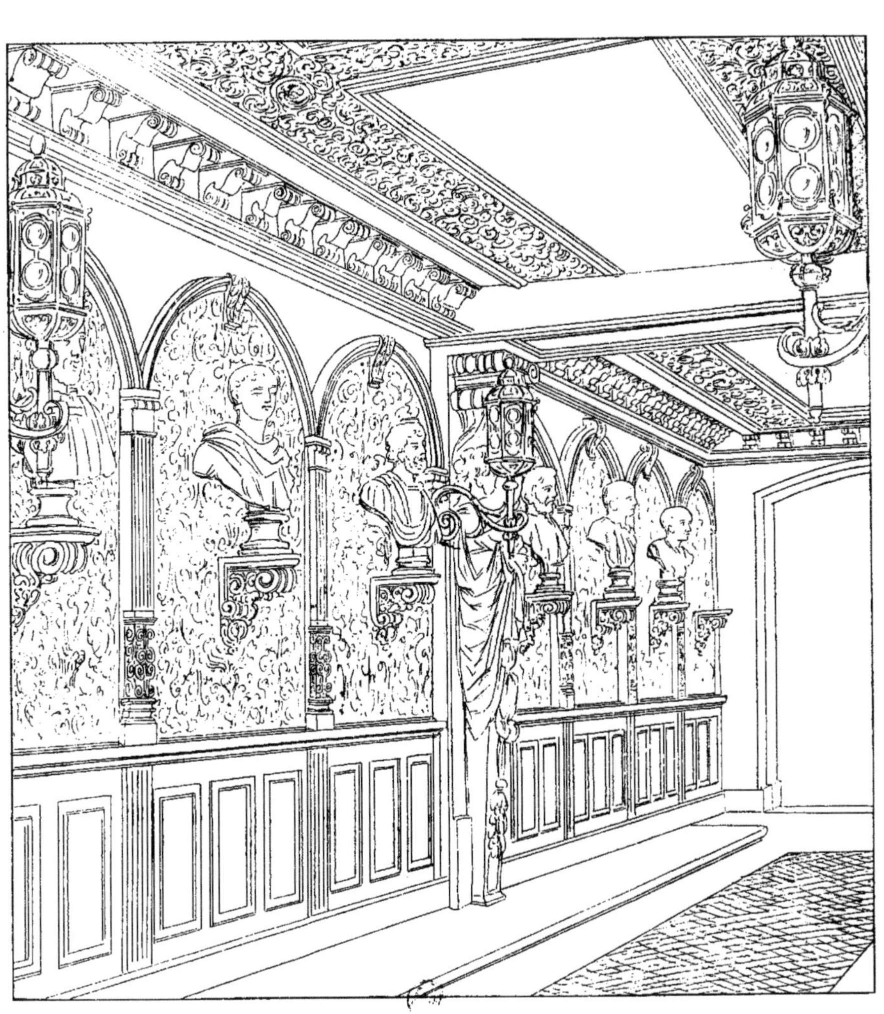

oblong en argent repoussé à personnages, fleurs et ornements.

Largeur du plateau, 23 cent.

187 — Coupe ovale à couvercle en argent repoussé à fleurs et ornements et enrichie de cariatides rapportées en relief. Le pied est formé d'ornements ciselés et ajourés.

Haut., 27 cent.

188 — Plat rond en argent repoussé et doré. Au marli, couronne de fruits et de fleurs. Au fond, Amphitrite debout sur une coquille.

Diam., 28 cent.

189 — Flacon-aspersoir piriforme en faïence de Perse, à décor bleu, garni d'une monture en argent repoussé et gravé. Travail persan.

Haut., 46 cent.

190 — Vase en forme de carafe à panse sphérique en lave noirâtre, garni d'une monture en argent repoussé à rinceaux fleuris en relief. Travail oriental.

Haut., 28 cent.

191 — Boîte ovale en argent repoussé à figures, cariatides et ornements, reposant sur quatre pieds à cariatides, et à couvercle formé d'une plaque de cristal de roche gravé.

Haut., 10 cent.; larg., 15 cent.

192 — Petite coupe ovale en agate, sur pied en argent formé d'une figurine d'amour et base ornée de bustes.

Haut., 13 cent.

193 — Petit moulin à poivre de forme cylindrique, en argent guilloché, orné de festons de laurier et de médaillons ovales. Il est cantonné de trois pieds de biches et il est surmonté de deux figurines d'amours en ronde bosse rattachées à une barre qui forme tourniquet.

Haut., 11 cent.

194 — Moulin à poivre de même forme que celui qui précède. Il est décoré au pourtour d'un sujet champêtre et son tourniquet est mis en mouvement par deux boules d'ivoire.

Haut., 10 cent.

195 — Trois réchauds de style Louis XV, en cuivre argenté, dont un ovale et deux ronds, décorés d'ornements rocaille.

Largeur du réchaud ovale, 37 cent.
Diamètre des ronds, 22 cent.

196 — Plat ovale en cuivre jaune. Il est décoré au fond d'un groupe de deux figures et, au marli, de coquilles, de palmettes et d'ornements.

Long., 56 cent.; larg., 45 cent.

ESCALIER

DEUXIÈME ÉTAGE

197 — Suite de trois belles tapisseries représentant : *le Jardinier galant*, les *Amoureux se reposant au pied d'un arbre* et *Diane à la chasse*. Gracieuses compositions à petits personnages au milieu de paysages accidentés arrosés par des rivières ou des étangs. Encadrées de bordures représentant des corbeilles et des chutes de fruits et de fleurs, entrecoupées de rosaces enguirlandées de festons de rubans. Époque Louis XIV.

La hauteur varie suivant la courbe de l'escalier.

Long., 8 m. 20 cent.

198 — Magnifique tapisserie représentant une suite de sujets mythologiques : allégories à la vie de la belle Hélène. Composition de nombreuses figures. Ces différentes scènes se passent dans le palais de la reine, dans un parc et au bord de la mer. Encadrée d'une bordure semblable à celle des tapisseries précédentes.

Long., 9 m. 30 cent.; haut., 3 m. 10 cent.

199 — Suite de bordures analogues formant encadrement de croisées.

Long., 4 m. 70 cent.

200 — Panneau en tapisserie formant dessus de porte, représentant un paysage.

Haut., 70 cent.; long., 1 m. 35 cent.

201 — Paire de portières en velours rouge encadrées sur trois côtés de jolies bordures en ancienne tapisserie semblable à celles qui précèdent, avec embrasses et glands en passementeries assorties.

Haut., 3 m. 20 cent.; larg., 1 m. 20 cent.

202 — Très beau traîneau en bois sculpté, forme de conque, très richement orné, emporté par un lion à la crinière hérissée, et la gueule béante. Travail du temps de Louis XIV.

Long., 1 m. 38 cent.; haut., 1 m. 5 cent.

203 — Tapis rouge uni couvrant vingt-quatre marches et le palier.

204 — Grande lanterne en fer, forme à pans cintrés, ornée de têtes de chérubins sur des rosaces à feuillages enroulés, système à gaz à six lumières. Style Louis XIV.

Haut., 1 m. 25 cent.; larg., 60 cent.

205 — Deux châssis de croisée, ornés chacun de deux beaux vitraux anciens représentant des alliances d'armoiries, des sujets allégoriques et des ornements avec inscriptions.

Haut., 2 mètres; larg., 45 cent.

ANTICHAMBRE

206 — Paire de portières en velours rouge encadrées sur les quatre côtés de magnifiques bordures en ancienne tapisserie des Gobelins, représentant des feuilles d'acanthe et des suites de chaînettes avec glands et embrasses en passementerie assortie. Époque Louis XIV.

Haut., 3 m. 20 cent.; larg., 1 m. 60 cent.

207 — Paire de portières en velours rouge, encadrées sur les quatre côtés de très belles bordures en ancienne tapisserie des Gobelins; dessin à palmes, fruits et fleurs avec écussons aux angles, époque Louis XIV, embrasses et glands en passementeries assorties.

Haut., 3 m. 20 cent.; larg., 1 m. 60 cent.

208 — Paire de portières en velours rouge, encadrées sur les quatre côtés de jolies bordures en ancienne tapisserie, dessin à guirlandes de fleurs et feuilles de chêne enlacées, avec embrasses et glands en passementerie assortie.

Haut., 3 m. 20 cent.; larg., 1 m. 50 cent.

209 — Six patères en cuivre poli, représentant Neptune sur un dauphin.

210 — Très belle décoration composée de quatre panneaux en ancienne tapisserie représentant des

scènes allégoriques aux chasses et aux amours de Diane. Charmante composition à petits personnages dans des paysages accidentés, époque Louis XIV, avec bordures en haut à guirlandes de fleurs et festons de rubans. Bordure en bas à brûle-parfums et feuillages.

Premier panneau. Haut., 3 m. 5 cent.; larg., 1 m. 20 cent.
Deuxième panneau. Haut., 3 m. 5 cent.; larg., 1 m. 84 cent.
Troisième panneau. Haut., 3 m. 5 cent.; larg., 1 m. 50 cent.
Quatrième panneau. Haut., 3 m. 5 cent.; larg., 1 m. 70 cent.

211 — Jardinière rectangulaire en bois noir et d'ébène, richement décorée d'incrustations d'ivoire, avec dessus offrant des scènes allégoriques au triomphe de Silène et de Bacchus, encadrées d'arabesques et d'oiseaux, piètement à pilastres rallies par un croisillon, XVIIe siècle.

Long., 1 m. 30 cent.; prof., 36 cent.; haut., 90 cent.

212 — Trois escabeaux à hauts dossiers en bois noir et d'ébène, ornés d'incrustations d'ivoire à personnages, griffons et chevaux ailés. Style XVIIe siècle.

Larg., 45 cent.; haut., 1 m. 15 cent.

213 — Suspension à une lampe formée par une potiche en ancienne faïence d'Urbino, fond bleu à palmes et fleurs avec médaillon à buste de femme encadré d'enroulements. Monture en bronze nickelé à tête de lions et ornements.

Haut., 55 cent.

214 — Tapis ancien d'Orient, fond rouge à médaillons encadrés de bandes de différentes nuances à dessins variés.

Long., 4 m. 85 cent.; larg., 2 mètres.

SALON RENAISSANCE

215 — Magnifique tenture en partie flottante, décorant tous les parois du salon, en broderie de soie sur fond filet vénitien, avec transparents en soie rouge. Deux des panneaux représentent des femmes supportant des brûle-parfums enrichis de cabochons. Leur corps se perd dans des enroulements autour desquels s'enlacent des feuillages et des guirlandes de fleurs. De chaque côté s'élèvent des colonnes torses enguirlandées de ceps de vigne et de branches de fruits, surmontées de chapiteaux. Les autres panneaux offrent, au milieu d'enroulements à feuillages et d'arabesques enguirlandées de fleurs, des cornes d'abondance et des colonnes monumentales. Ces panneaux de tenture forment, en même temps, décoration de baie et se relèvent de chaque côté en portière. Une autre tenture flottante, dessin à grands ornements, palmes et fleurs, forme portière. Toute la partie basse, dessinée en lambrequin, bordée de frange, offre une suite d'arabesques, d'ornements et de fruits. Des bandeaux à lambrequins, brodés de mêmes motifs, forment dais au-dessus des portes et des croisées.

Entre les deux fenêtres, le panneau représente une rosace encadrée de cornes d'abondance, portées par des Amours volant dans les airs et tenant, dans l'autre main, des chutes de fruits. Les rideaux des deux croisées sont en même filet sur fond de soie rouge, avec larges bordures en point de Hongrie et broderies représentant des arabesques formées de guirlandes de grandes fleurs et de feuillages enlacés; ces rideaux sont relevés par des embrasses avec de gros glands en passementerie de soie assortie. Travail remarquable du XVIe siècle. Ensemble unique.

Premier panneau. Long., 2 m. 75 cent.; haut., 3 m. 20 cent.
Deuxième panneau. Long., 2 m. 50 cent.; haut., 3 m. 20 cent.
Troisième panneau. Long., 2 m. 30 cent.; haut., 3 m. 20 cent.
Quatrième panneau. Long., 2 m. 30 cent.; haut., 3 m. 20 cent.
Cinquième panneau. Long., 2 m. 30 cent.; haut., 3 m. 20 cent.
Sixième panneau. Long., 2 m. 35 cent.; haut., 3 m. 20 cent.
Septième panneau. Long., 1 m. 20 cent.; haut., 3 m. 20 cent.
Portière. Long., 1 m. 95 cent.; haut., 3 m. 20 cent.
Premier bandeau. Long., 1 m. 50 cent.; haut., 65 cent.
Deuxième bandeau. Long., 2 m. 20 cent.; haut., 65 cent.
Bandeaux des croisées. Long., 1 m. 90 cent.; haut., 65 cent.
Rideaux. Long., 1 m. 40 cent., haut., 3 m. 20 cent.

216 — Six patères en cuivre poli.

217 — Belle porte en bois sculpté, ornée de marqueterie, de la Renaissance, représentant une perpective dont l'arcature est décorée d'ornements en incrustation de bois. Au fronton et dans le bas, se détachent des cartouches à grands enroulements. Cette porte complétait celle à deux

battants de la chambre à coucher; elle formait entrée particulière de sacristie, et l'autre entrée principale.

Larg., 72 cent.; haut., 2 m. 20 cent.

218 — Très beau canapé en broderie et tapisserie Henri II, représentant au dossier la réception d'un roi arrivant à cheval, suivi d'un cortège, accueilli par des femmes portant des corbeilles de fruits et des présents, des hommes conduisant des chameaux. Le dessus de siége représente un sujet de chasse : Seigneur et grande dame suivis de leurs chiens, dans un paysage montagneux. Le bois, finement sculpté, offre, au fond et sur le devant, des médaillons et des rosaces, avec entre-deux à jour à figures et arabesques. Les accotoirs et les montants sont formés de cariatides.

Meuble remarquable par sa conservation.

Long., 1 m. 55 cent.; haut., 1 m. 10 cent.

219 — Deux grands et beaux fauteuils en broderie et tapisserie Henri II, représentant, sur les dossiers, des cortèges composés de femmes à cheval et de guerriers; sur les sièges, les accordailles de *David* et d'*Abigaïl;* garnis de franges et passementeries assorties. Les bois sont sculptés à ornements. Les pieds, à pilastres, sont ralliés par des croisillons. Revers gainés en velours rouge. Travail ancien et remarquable.

Larg., 67 cent.; haut., 1 m. 25 cent.

220 — Beau coussin en broderie et tapisserie Henri II, représentant la fille d'Énée changée en laurier, un cerf et un chien arrêtés devant un château fort; encadré de franges assorties. Travail du XVIe siècle.

Long., 55 cent.; larg., 45 cent.

221 — Joli tabouret couvert en tapisserie des Gobelins représentant un écusson armorié porté par des anges, monté sur bois noir, à pieds de biche en bronze doré. Époque Louis XIV.

Long., 55 cent.; larg., 40 cent.

222 — Très beau meuble-crédence en bois sculpté du XVIe siècle. Le piétement à jour, avec panneau de fond à rosaces et ornements, est formé par deux figures debout portant des branches de laurier. Le corps principal, s'ouvrant à deux battants et à deux tiroirs, présente des compositions inspirées de Jean Goujon. Les montants et entre-deux sont formés par des cariatides d'hommes et de femmes. Le fronton d'aspect monumental, orné de colonnes détachées, est tout à fait en retrait. Il présente des arcades au milieu desquelles se détachent, en bas-relief, des grands cartouches à figures, écussons et guirlandes. Les côtés offrent des perspectives.

Larg., 1 m. 18 cent.; haut.; 2 m. 40 cent.

223 — Deux torchères formées par des groupes

d'enfants, en bois sculpté, posant sur socles à lambrequins. XVIIe siècle.

Haut., 1 m. 60 cent.

224 — Paire de lampes formées par des potiches en faïence de Castel-Durante, offrant, sur chaque face, des médaillons à bustes de personnages, fond gros bleu à palmes et fleurs; monture en cuivre poli. XVIe siècle.

Haut., 35 cent.

225 — Deux consoles-supports formées par une sirène et un triton supportant une coquille, en bois sculpté. XVIe siècle.

Haut., 60 cent.

226 — Deux vases cylindriques en faïence d'Urbino fond gros bleu, à arabesques formées de palmes et de fleurs, offrant, sur chaque face, des médaillons à bustes de femmes et à figures de saints encadrés d'ornements. XVIe siècle.

Haut., 34 cent.

227 — Très belle jardinière de forme rectangulaire, en bois sculpté rehaussé d'or par partie, représentant des tournois, des combats de cavaliers et une allégorie à une légende diabolique. Les montants offrent des groupes et des statuettes sculptés en très haut relief. L'intérieur est garni de velours rouge et clouté de cuivre. Travail intéressant du XVIe siècle.

Long., 73 cent.; haut., 33 cent.; larg., 63 cent.

228 — Belle table rectangulaire en bois sculpté, avec piètement à colonnes et arcades, traverses à trois balustres. XVIe siècle.

Long., 1 m. 30 cent.; larg., 83 cent.; haut., 80 cent.

229 — Remarquable tapis en tapisserie du XVIe siècle, représentant, au centre, un médaillon à sujet champêtre : *Pâtre gardant son troupeau dans un paysage avec monuments en ruine.* Tout autour, se dessinent des cariatides ailées dont les corps se perdent dans des volutes à rinceaux enguirlandés de fleurs et animés d'oiseaux; aux angles des Amours cachés tiennent des draperies d'une main, et de l'autre des branches de fleurs et de fruits. La bordure représente une suite de figures d'enfants jouant et buvant au milieu de guirlandes de fruits et de vases de fleurs. Bordé d'une frange. En parfait état de conservation. Doublé de soie rouge.

Long., 2 m. 52 cent.; larg., 1 m. 50 cent.

230 — Deux grands landiers en fer, forme spirale, avec boule en cuivre poli et traverses à fleurs de lis. XVIe siècle.

Haut., 85 cent.

231 — Jolie pendule en bronze, partie dorée, modèle au sanglier, posant sur terrassement à rocaille et portant le mouvement couronné par l'Amour au miroir. Époque Louis XV. Cadran signé J. F. Bourgeois et orné de fleurs de lis.

Haut., 50 cent.

232 — Paire de flambeaux de forme surbaissée, en bronze gravé, décor à ornements. Travail vénitien. XVIe siècle.

Haut., 18 cent.

233 — Paire de candélabres en cuivre poli, à trois lumières, supportés par des groupes d'animaux au milieu d'ornements à jour. XVIe siècle.

Haut., 40 cent.

234 — Belle plaquette ronde offrant, d'un côté, le buste du roi Louis XIV, de profil. Signé *Bertinet sculp en priuielgig* et, de l'autre côté, le chiffre royal surmonté de la couronne de France. Monté en médaillon. Cadre en cuivre.

Diam., 16 cent.

235 — Deux beaux groupes équestres en bronze, représentant l'Enlèvement de la belle Europe et l'Enlèvement de Déjanire. Montés sur socles en bronze doré. Époque Louis XIV.

Long., 27 cent.; haut., 27 cent.

236 — Vase en gros bleu de Sèvres, monture en bronze doré, orné de chaînettes, avec anses à serpents enlacés. Époque Louis XVI.

Haut., 40 cent.

237 — Vase cylindrique en faïence de Castel-

Durante, décor à guirlandes de fruits et de fleurs, avec banderole à inscription. XVIe siècle.

Haut., 32 cent.

238 — Cassolette en bronze, formée par un quadrupède, patine frottée. XVIIe siècle.

Haut., 18 cent.

239 — Beau tapis de Perse, fond bleu à petit dessin, avec bordure multiple polychrome.

Long., 6 m. 25 cent.; larg., 3 m. 70 cent.

240 — Carpette de Perse, fond gros bleu à semis de fleurs et d'ornements; bordure fond vert et fond rouge.

Long., 2 mètres; larg., 1 m. 20 cent.

241 — Tapis d'Orient en haute laine, fond rouge à palmes; bordure multicolore à petits dessins.

Long., 1 m. 95 cent.; larg., 1 m. 15 cent.

242 — Lustre flamand en cuivre poli, à douze lumières. XVIe siècle.

Haut., 75 cent.; larg., 80 cent.

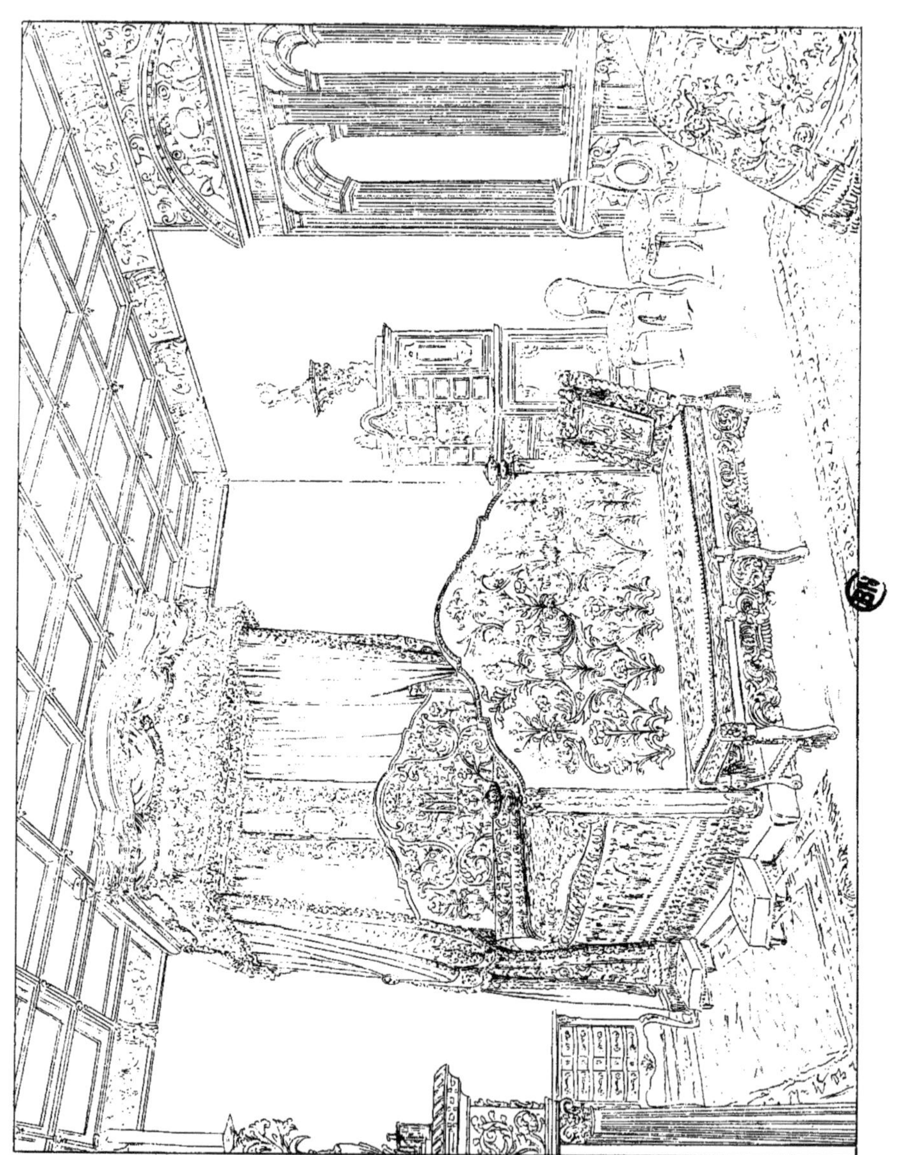

CHAMBRE A COUCHER

243 — Très belle porte à deux battants en bois sculpté et orné de marqueterie, époque de la Renaissance. D'un côté, elle offre des perspectives et le haut des arcades est orné d'arabesques en incrustation. Le bas présente des masques fabuleux au-dessus de médaillons en ressaut se détachant dans des cartouches à enroulements et draperies. Le fronton présente, d'abord, une frise à fleurs et têtes de béliers, puis des figures d'hommes adossés à des enroulements. Au milieu, se détache un ombilic en marqueterie, avec la date 1557. L'encadrement présente une suite de chainettes. De l'autre côté, ses deux battants offrent, par compartiments, des médaillons à bustes de personnages encadrés d'arabesques se terminant par des têtes fabuleuses, des écussons portés par des enfants dont les corps se perdent dans des cornes d'abondance, et des vases surmontés de dauphins et de rinceaux.

Cette porte a son complément dans celle du salon vénitien Renaissance. Avec clé en fer repercé et damasquiné d'argent et poignée à anneaux.

Larg., 1 m. 60 cent.; haut., 3 m. 15 cent.

244 — Magnifique lit de milieu tout en soie crème, richement brodé de fleurs, de branchages lobés

et de feuillages en or, argent et soie de diverses couleurs. Encadré de velours rouge, garni de passementeries chenillées et de broderies, avec baldaquin et doubles rideaux en soie crème brodée et en velours rouge, relevés par des embrasses en broderie et en passementerie. Le fond du lit est garni de rideaux en soie crème, avec bordures à arabesques de fleurs. L'intérieur du ciel de lit présente des gerbes de fleurs élégamment disposées et le tour du baldaquin est formé d'une draperie en velours rouge et d'un bandeau en soie crème, offrant, en broderie, une suite de branchages enguirlandés de fleurs. Ensemble du plus grand style Louis XIV.

Lit. Long., 2 m. 60 cent.; larg., 1 m. 84 cent.
Rideaux. Haut., 3 m. 30 cent.

245 — Magnifique couvre-lit en velours rouge, richement orné de broderies d'or, d'argent et de soie, offrant au milieu un superbe écusson armorié, avec banderole à devise : *Garde bien!* Encadré de parterres de fleurs et de rinceaux d'un dessin merveilleux, doublé en soie rouge.

Long., 3 mètres; larg., 2 m. 67 cent.

246 — Deux superbes décorations de croisées et décorations de portes, composées chacune de grands rideaux en soie crème, avec bordures, brodés de guirlandes de fleurs, relevés par des embrasses en passementerie et deux rideaux en

velours rouge, relevés par des embrasses en soie crème brodée. Avec lambrequins à draperies en velours rouge, ornés d'une bande de broderie, et bandeaux en soie crème richement brodés de grandes fleurs et de branchages, le tout garni de passementeries de soie assorties. Ensemble décoratif des plus élégants et du plus grand style Louis XIV.

Haut., 3 m. 40 cent.
Longueur des rideaux de soie, 1 m. 10 cent.
Longueur des rideaux de velours, 1 m. 30 cent.

247 — Deux paires de rideaux de vitrage en ancienne dentelle italienne.

248 — Magnifique divan en velours rouge, avec dessus, dossier et coussins d'accotoirs en soie crème très richement brodée d'or, d'argent et de soie, offrant des guirlandes et des parterres de fleurs d'une élégance remarquable. Le tout garni de passementeries et de franges assorties.

Long., 2 m. 50 cent.; prof., 1 mètre.

249 — Deux très beaux fauteuils en velours rouge, avec dessus, dossiers et accotoirs en soie crème, richement brodés de grands rinceaux à feuillages et de gerbes de fleurs en or, argent et soie, garnis de franges, de glands et de passementeries assorties.

Larg., 85 cent.; haut., 95 cent.

250 — Remarquable chaise longue en bois sculpté et doré, représentant, au milieu d'enroulements, des Amours portant des couronnes royales. Le dessus et le milieu du dossier sont ornés de coussins en velours rouge, richement brodé d'or et de soie; dessin à gracieux motifs composés de fleurs, de rinceaux et de feuillages. Travail remarquable du plus beau style Louis XIV.

Larg., 55 cent.; long., 1 m. 60 cent.; haut., 40 cent.

251 — Deux très beaux tabourets en bois sculpté et doré, à croisillons, couverts en riche broderie d'or, d'argent et de soie sur fond de satin crème, représentant des fleurs épanouies sur longues tiges feuillagées et enroulées, des rinceaux et des fleurs de lis. Époque Louis XIV.

Long., 47 cent.; larg., 36 cent.; haut., 36 cent.

252 — Quatre jolies chaises en bois sculpté et doré, dessin à fleurs et coquilles, dessus en velours rouge, enrichies de superbes broderies d'or, d'argent et de soie, dessin à palmes enroulées, rinceaux et fleurs. Style Louis XIV.

Larg., 40 cent.; haut., 47 cent.

253 — Deux tabourets de pieds, couverts de broderies représentant des réunions galantes dans un parc. Travail du temps de Louis XV. Montés sur fond de velours rouge, pieds en bois doré.

Long., 30 cent.; larg., 24 cent.

254 — Deux grands et beaux coussins en velours rouge, couverts de superbes broderies d'or et de soie, grand dessin Renaissance ; bordés de passementeries chenillées et encadrés d'arabesques en broderie, dessous en soie rouge.

Long., 65 cent.; larg., 72 cent.

255 — Magnifique tapis de table en velours rouge, encadré de broderies à fleurs et arabesques d'or, d'argent et de soie du plus grand style Louis XIV, bordé de franges assorties, doublé en soie rouge.

Long., 2 m. 30 cent.; larg., 1 m. 47 cent.

256 — Belle table en noyer sculpté, avec piétement à arcades, orné de mascarons et de têtes fabuleuses. Style Renaissance.

Long., 1 m. 32 cent.; larg., 70 cent., haut., 72 cent.

257 — Magnifique glace biseautée avec cadre, partie en glace et en bois sculpté et doré, dessin à gerbes de fleurs gracieusement enroulées, surmontée d'un fronton à grands ornements avec couronne. Travail du grand style Louis XIV.

Haut., 1 m. 90 cent.; larg., 1 m. 5 cent.

258 — Remarquable meuble-vitrine en bois finement sculpté et doré, du plus élégant style Louis XIV, offrant sur les montants des figures de faunesses s'appuyant sur des colonnes, posant sur d'élégantes consoles enguirlandées de lauriers et sup-

portés par des sirènes. Puis toute une suite de feuillages sur lesquels se détachent des enfants sonnant de la trompe, des masques de femmes sur des cartouches à enroulements et des trophées guerriers. La partie inférieure présente en façade des figures allégoriques de Renommées, groupées autour d'un écusson, des amours prenant leurs ébats au milieu de guirlandes de lauriers et de festons de rubans. Les encadrements des glaces et des sujets principaux offrent des suites d'ornements heureusement dessinés. Les côtés, de forme cintrée, représentent des petits faunes assis, adossés à un écusson et sonnant de la trompe. Le fond est tout garni de glaces et gainé de velours rouge.

Haut., 2 m. 45 cent. ; larg., 1 m. 52 cent.

259 — Très beau meuble formant bureau-cabinet et vitrine en bois finement sculpté et doré, représentant des trophées, des écussons, des oiseaux, des figures d'enfants et des rocailles, supporté par des pieds à griffes de lions. Époque Louis XV. L'intérieur est tout garni de velours rouge. Il pose sur une marche en velours.

Haut., 2 mètres ; larg., 1 m. 5 cent.

260 — Jolie console-support en bois finement sculpté et doré à tête de chérubin, guirlandes de fleurs et ornements. Époque Louis XIV.

Haut., 50 cent. ; larg., 40 cent.

261 — Deux charmants petits meubles d'appui Louis XV, à cinq tiroirs, de forme des plus contournées, en bois rose, palissandre et marqueterie. Élevés sur quatre pieds, ornés de bronzes ciselés et dorés. Dessus en marbre vert de mer.

Haut., 82 cent.; larg., 63 cent.

262 — Joli coussin en ancienne tapisserie Louis XIII, représentant un quadrupède ailé à tête d'aigle, tenant un écusson, surmonté d'une couronne, au milieu d'une ville maritime fortifiée. Encadré de fleurs et de feuillages, avec inscription dans le bas : TLAND VAN VOORNE ; garni de franges doublé de soie rouge.

Long., 60 cent.; larg., 50 cent.

263 — Très belle cheminée d'aspect architectural en bois sculpté, offrant sur la façade des arabesques de fleurs et d'oiseaux, montants à doubles colonnes détachées et comme encadrement de trumeau, des cariatides supportant un fronton à mascaron et enroulements de la Renaissance.

Larg., 1 m. 60 cent.; haut., 3 m. 10 cent.

264 — Très beau trumeau en tapisserie au petit point, offrant un médaillon allégorique à l'Adoration des Bergers. Encadré de rinceaux et de fleurs. Époque Louis XIII.

Long., 1 m. 10 cent.; haut., 1 mètre.

265 — Joli bandeau en velours rouge, enrichi de broderie d'argent et de soie à écusson, corbeilles de fruits et rinceaux feuillagés. Style Renaissance.

Long., 1 m. 10 cent.; haut., 20 cent.

266 — Jolie garniture de cheminée en marbre blanc et bronze ciselé et doré, composée d'une pendule avec groupe allégorique de Flore et Mercure, deux petites cassolettes, ornées de têtes de béliers et d'anses à jour ; deux candélabres formés de vases en marbre, ornés de gerbes de laurier et de feuilles d'acanthe en bronze ciselé et doré, surmontés de bouquets d'œillets à trois lumières. Ensemble du plus joli style Louis XVI.

Pendule. Haut., 50 cent.; larg., 46 cent.
Cassolettes. Haut., 22 cent.
Candélabres. Haut., 50 cent.

267 — Paire de jolis flambeaux en bronze ciselé et doré, forme à côtes contournées, ornées de guirlandes de fleurs et de feuilles d'acanthe. Époque Louis XVI.

Haut., 30 cent.

268 — Charmante statuette en marbre blanc : *le Croquet*, de D'ÉPINAY.

Haut., 40 cent.

269 — Deux jolis groupes en biscuit de Sèvres de deux figures : les Amours champêtres.

Haut., 20 cent.

270 — Très bel album renfermant des gravures en couleur, par Deny, d'après Desrais, représentant le roi Louis XVI, la reine Marie-Antoinette, les princes et princesses de France en riches costumes. Reliure en velours rouge, enrichie de broderies d'argent et d'un blason aux armes d'un prince de l'Église, avec fermoir en argent repercé et gravé, à semis de fleurs et d'arabesques. XVIIIe siècle.

Haut., 52 cent.; larg., 40 cent.

271 — Très beau buvard, avec reliure semblable et fermoir en argent repercé, à guirlandes de fleurs et ornements.

Haut., 52 cent.; larg., 40 cent.

272 — Joli bénitier en argent doré et filigrané, enrichi de coraux. Époque Louis XIII.

273 — Paire de vases avec couvercles en faïence de Castelli, décorés de scènes à personnages, tirées de l'antiquité.

Haut., 50 cent.

274 — Tapis en moquette rouge, avec bordure bleue, couvrant la chambre à coucher.

Long., 6 m. 80 cent.; larg., 5 m. 20 cent.

275 — Deux belles carpettes anciennes d'Orient, dessin médaillons sur fond gros bleu, bordures fond blanc.

Première carpette. Long., 2 m. 70 cent.; larg., 1 m. 5 cent.
Deuxième carpette. Long., 3 m. 10 cent.; larg., 1 m. 5 cent.

276 — Deux pelotes en velours rouge, brodées d'argent et de soie, à armoiries et trophées de drapeaux avec bordures à figures de lions, emblèmes guerriers et guirlandes de feuillages, bordées de franges et dessous en soie rouge.

Long., 22 cent.; larg., 18 cent.

PORCELAINE DE SAXE

GROUPES

277 — Groupe de trois figures en ancienne porcelaine de Saxe : la Bonne Mère. Elle est assise et tient un poupon sur ses genoux ; une jeune fille, assise à ses pieds, joue de la flûte. La terrasse se compose d'ornements rocaille. Belle qualité.

Haut., 17 cent.; larg., 15 cent.

278 — Groupe de deux figures en ancienne porcelaine de Saxe : Amours sur terrasse rocaille, rehaussée de fleurettes, d'un carquois et de dorure.

Haut., 20 cent.; larg., 19 cent.

279 — Deux petits groupes en ancienne porcelaine de Saxe. Chacun d'eux se compose d'un amour assis sur un sphinx et tenant une guirlande de fleurs.

Haut., 9 cent.; larg., 8 cent.

280 — Groupe en ancienne porcelaine de Saxe : Berger jouant de la flûte et s'appuyant contre un

arbre, son chien est près de lui et il a un troupeau de moutons à ses pieds. Ce groupe est décoré en couleurs et le sol est semé de fleurettes.

Haut., 19 cent.; larg., 18 cent.

281 — Groupe en ancienne porcelaine de Saxe : Léda assise enlaçant le cygne d'un feston de fleurs. L'Amour est à ses pieds.

Haut., 16 cent.; larg., 17 cent.

282 — Groupe en ancienne porcelaine de Saxe : Couple amoureux assis sur un tertre, garni de fleurettes et de feuillages.

Haut., 115 millim.; larg., 155 millim.

283 — Petit groupe en ancienne porcelaine de Saxe : Vénus debout; la partie inférieure du corps couverte par une draperie violacée, relevée de fleurettes dorées, tient en lesse un groupe de deux colombes. Un amour, placé à ses pieds, prépare son arc et son carquois.

Haut., 13 cent.; larg., 95 millim.

284 — Groupe de deux villageois dansant en ancienne porcelaine de Saxe. La terrasse est garnie de fleurettes et de feuillages en relief.

Haut., 15 cent.; larg., 9 cent.

285 — Petit groupe en ancienne porcelaine de Saxe : Saturne debout sur un socle rocaille, dévorant un de ses enfants.

Haut., 15 cent.

286 — Groupe composé de trois figures en ancienne porcelaine de Saxe : Jeune femme debout à demi drapée, recevant les conseils d'un amour qui voltige à son oreille. Un enfant nu est placé à ses pieds.

Haut., 13 cent.

STATUETTES

287 — Statuette de berger debout en ancienne porcelaine de Saxe, il tient un cahier de musique de la main droite et un mouton est couché à ses pieds. La terrasse se compose d'ornements rocaille.

Haut., 25 cent.

288 — Statuette en ancienne porcelaine de Saxe, pouvant servir de pendant à celle qui précède : Bergère debout tenant un chien sur sa jambe droite. Un mouton est couché à ses pieds. La terrasse se compose d'ornements rocaillle.

Haut., 26 cent.

289 — Statuette en ancienne porcelaine de Saxe : Jardinier debout, vêtu d'une veste à fleurs et

coiffé d'un chapeau vert. Il pose le pied gauche sur un cantaloup et tient de ses deux mains une corbeille ovale gaufrée, à l'imitation de vannerie, et dont le dessus percé de trous est disposé pour recevoir des fleurs.

Haut., 28 cent.

290 — Deux statuettes en ancienne porcelaine de Saxe : Homme et femme vêtus à l'orientale, tenant près d'eux une corbeille ovale à couvercle gaufré à vannerie et décorée de fleurs. Elles sont montées sur des socles rocaille en bronze doré.

Haut., 185 millim.

291 — Statuette en ancienne porcelaine de Saxe : Cuisinier debout sur un socle rocaille. Un panier de légumes est placé près de lui et il tient une volaille.

Haut., 135 millim.

292 — Statuette en ancienne porcelaine de Saxe : Jeune fille debout, vêtue d'un corsage violet, d'une jupe jaune à fleurs et portant des fleurs dans son tablier. Elle tient de la main gauche un panier de fleurs.

Haut., 135 millim.

293 — Très petite figurine en ancienne porcelaine de Saxe : Marchand vêtu d'une veste jaune et d'une culotte violacée.

Haut., 93 millim.

294 — Statuette de pêcheur debout, en ancienne porcelaine de Saxe. Elle est montée sur un socle rocaille en bronze doré.

Hauteur totale, 21 cent.

295 — Deux statuettes en ancienne porcelaine de Saxe : la Marchande d'oublies et le Garçon de café.

Haut., 14 cent.

296 — Statuette en ancienne porcelaine de Saxe : l'Abondance, figurée par une femme debout, sur un socle rocaille, le corps couvert en partie par une draperie, décorée de fleurs et tenant une corne d'abondance.

Haut., 16 cent.

297 — Statuette en vieux Saxe : Jeune Garçon debout, tenant un feston de vigne de ses deux mains. Il est vêtu d'un gilet à fleurs, d'un habit jaune, d'une culotte rose et coiffé d'un chapeau de même nuance.

Haut., 13 cent.

298 — Deux statuettes : Hercule et Jupiter debout.

Haut., 12 cent.

299 — Deux statuettes en ancienne porcelaine de Saxe : Pierrot jouant de la musette et Colombine jouant de la vielle.

Haut., 14 et 13 cent.

300 — Deux statuettes semblables à celles qui précèdent, mais de coloration différente.

Haut., 14 et 13 cent.

301 — Statuette de Vendangeuse debout, en ancienne porcelaine de Saxe. Elle est vêtue d'un corsage jaune, d'une jupe violacée et elle porte un bonnet garni de fourrure.

Haut., 11 cent.

302 — Dix Statuettes de la série dite des Amours, en ancienne porcelaine de Saxe : l'Amour perruquier, Arlequin dansant, le Laitier, le Pâtissier, le Chanteur, le Coiffeur, le Danseur, le Galant, le Chanteur, la Chanteuse.

303 — Statuette en ancienne porcelaine de Saxe : Enfant nu debout, tenant un morceau de musique.

Haut., 9 cent.

304 — Statuette en ancienne porcelaine de Saxe : l'Automne figuré par un suivant de Bacchus debout couronné de pampres et le corps ceint d'une couronne de vigne. Il s'appuie sur un tronc d'arbre et porte une grappe de raisin à ses lèvres. Près de lui, un enfant satyre assis sur un tonneau.

Haut., 27 cent.

305 — Statuette en ancienne porcelaine de Saxe : Jardinier vêtu d'une veste décorée de fleurs et coiffé

d'un chapeau vert. Il est assis sur un tertre et tient sur ses genoux une corbeille ovale à deux anses gaufrée à l'imitation de vannerie et garnie de fleurs.

Haut., 19 cent.

306 — Statuette en ancienne porcelaine de Saxe : Enfant chinois debout et dansant, à tête mobile. Il est vêtu d'une robe à fleurs et d'un manteau rosé.

Haut., 21 cent.

307 — Statuette en ancienne porcelaine de Saxe : Mendiant assis jouant de la vielle. Il est vêtu d'un habit brun et coiffé d'un chapeau noir.

Haut., 14 cent.

308 — Statuette en ancienne porcelaine de Saxe : Personnage de la comédie italienne assis et jouant de la musette.

Haut., 14 cent.

309 — Statuette en ancienne porcelaine de Saxe : Minerve debout casquée et portant un bouclier orné d'une tête de Méduse.

Haut., 14 cent.

310 — Statuette analogue à celle qui précède, mais un peu plus petite.

Haut., 13 cent.

311 — Statuette de poussah accroupi ; sa robe est décorée de fleurs et d'ornements polychromes.

Haut., 95 millim.

312 — Très petite figurine en ancienne porcelaine de Saxe : Personnage debout vêtu d'une draperie à fleurs.

Haut., 6 cent.

313 — Deux statuettes en ancienne porcelaine de Saxe. Berger et bergère debout. Le premier porte une poule, la seconde a un mouton à ses pieds.

Haut., 15 cent.

314 — Statuette d'enfant debout vêtu d'une peau de daim.

Haut., 115 millim.

315 — Statuette de jeune fille assise pinçant de la cithare, en ancienne porcelaine de Saxe.

Haut., 12 cent.

316 — Deux statuettes en ancienne porcelaine de Saxe : Berger jouant de la musette ; il a un mouton et un chien à ses pieds, et Bergère portant des fleurs dans son tablier ; un mouton est couché à ses pieds.

Haut., 14 cent.

317 — Deux très petites figurines en ancienne porcelaine de Saxe : Marquis et marquise.

Haut., 6 cent.

318 — Deux autres très petites figurines en ancienne porcelaine de Saxe. Berger et bergère.

Haut., 6 cent.

319 — Petit groupe de deux figures en ancienne porcelaine de Saxe : le Galant Jardinier. Le socle est composé d'ornements rocaille.

Haut., 14 cent., larg., 12 cent.

320 — Autre petit groupe de deux figures en ancienne porcelaine de Saxe : Psyché et l'Amour figurés par des enfants.

Haut., 13 cent.; larg., 11 cent.

321 — Statuette en ancienne porcelaine de Saxe : Bergère debout sur une terrasse rocaille. Elle est vêtue d'une jupe à fleurs, d'un corsage violacé et elle est coiffée d'un chapeau rose garni de rubans jaunes.

Haut., 135 millim.

322 — Statuette de jeune garçon debout, en ancienne porcelaine de Saxe. Il est vêtu d'un habit à fleurs, d'une culotte rose, d'un gilet vert, et il est coiffé d'un chapeau rose garni d'une plume.

Haut., 13 cent.

323 — Statuette en ancienne porcelaine de Saxe représentant l'Été figuré par une jeune fille assise

tenant une gerbe de blé et une serpette. Le socle à gorge est à pans coupés et orné de glands dorés.

Hauteur totale, 135 millim.

324 — Statuette de jeune fille en ancienne porcelaine de Saxe. Elle est vêtue d'une jupe à fleurs qu'elle relève de ses deux mains et elle est coiffée d'un large chapeau jaune.

Haut., 105 millim.

325 — Deux statuettes en ancienne porcelaine de Saxe : l'Astronomie et l'Arithmétique figurés par des enfants debout.

Haut., 115 millim.

326 — Deux statuettes en ancienne porcelaine de Saxe : Jeune garçon jouant de la flûte et battant la caisse et jeune fille jouant du triangle. Chacune de ces figurines est placée sur un socle à gorge décoré de mascarons et de coquilles gaufrés en relief.

Haut., 165 millim.

327 — Deux statuettes en ancienne porcelaine de Saxe : L'Été et l'Automne, figurés par des femmes debout, tenant l'une une gerbe de blé et l'autre des grappes de raisin.

Haut., 14 cent.

328 — Statuette en ancienne porcelaine de Saxe : Berger assis jouant de la musette. Son chien est couché près de lui.

Haut., 9 cent.

329 — Statuette en ancienne porcelaine de Saxe : Bergère assise sur un tertre garni de fleurettes. Elle est vêtue d'une robe à fleurs et tient d'une main une poule et de l'autre un panier de fleurs.

Haut., 10 cent., larg., 95 millim.

330 — Statuette de bateleur debout, en ancienne porcelaine de Saxe. Il est vêtu d'un gilet à fleurs, d'une veste rosée et d'une culotte jaune.

Haut., 18 cent.

331 — Statuette en ancienne porcelaine de Saxe : le Marchand de fruits. Il porte son panier sur sa tete et repose sur un socle orné d'ornements rocaille et de fleurettes.

Haut., 16 cent.

332 — Statuette en ancienne porcelaine de Saxe : le Marchand de glace ; il porte un seau sur sa tête et tient un gobelet de la main droite.

Haut. 17 cent.

333 — Deux statuettes en ancienne porcelaine de Saxe : Jeune Jardinier et Jeune Jardinière. Chacun d'eux tient une corbeille de fleurs.

Haut., 13 cent.

ANIMAUX

334 — Deux lévriers courants, en ancienne porcelaine de Saxe. Les terrasses et les troncs d'arbre sont garnis de fleurettes et de feuillages en couleurs. Modèle rare.

Haut., 16 cent.; larg., 25 cent.

335 — Deux groupes en ancienne porcelaine de Saxe composés chacun de deux singes et d'arbustes, le tout décoré au naturel.

Haut., 20 cent.; larg., 12 cent.

336 — Deux petits chevaux sellés et passant, en ancienne porcelaine de Saxe. Les terrasses sont garnies de fleurettes.

Haut., 11 cent.; larg., 10 cent.

337 — Statuette de guenon portant un costume Louis XV et tenant un cahier de musique. Vieux Saxe.

Haut., 12 cent.

338 — Chien de chasse, la tête baissée, en ancienne porcelaine de Saxe. Il est taché de noir.

Haut., 45 millim.

339 — Petit groupe sur une terrasse entourée d'ornements rocaille : Poule et ses poussins.

Haut., 46 millim.; larg., 94 millim.

340 — Petit groupe en ancienne porcelaine de Saxe : Oiseau sur son nid, donnant à manger à ses petits.

Haut., 80 millim.; larg., 120 millim.

341 — Canaris debout sur un tronc d'arbre.

Haut., 10 cent.

342 — Petit groupe de deux moutons en ancienne porcelaine de Saxe.

Haut., 55 millim.; larg., 72 millim.

VASES ET CANDÉLABRES

343 — Garniture de trois vases en ancienne porcelaine de Saxe en forme de balustre sur piédouche et à couvercle, gaufrés en relief à ornements rocaille, décorés de jetées de fleurs polychromes et accostés chacun de deux figurines debout : Acteurs de la comédie italienne et autres. Les anses rocaille sont reliées aux vases à l'aide de branches de fruits et de fleurs en relief.

Haut., 29 et 28 cent.

344 — Deux petits vases en forme de balustre, en ancienne porcelaine de Saxe, décorés d'imbrications carmin, de jetées de fleurs polychromes et à feuillages et fleurs en relief.

Haut., 19 cent.

345 — Petit vase à panse ovoïde, col droit, et à deux anses à torsades, en porcelaine de Saxe, à fond d'or et à décor sujet mythologique et fleurs polychromes.

Haut., 17 cent.

346 — Hanap forme casque en ancienne porcelaine de Saxe à ornements rocaille gaufrés en relief et rehaussés de couleurs et jetées de fleurs polychromes.

Haut., 145 millim.

347 — Deux petits vases forme dite de Médicis, en ancienne porcelaine de Saxe, à ornements gaufrés en relief et à médaillons de paysages avec personnages et fleurs.

Haut., 88 millim.

348 — Candélabre à trois lumières, en ancienne porcelaine de Saxe, composé de branches rocaille, autour desquelles s'enlacent des festons de fleurs et de feuillages, et d'une statuette de femme assise vêtue d'un riche costume Watteau. Elle tient de ses deux mains un vase de forme contournée à couvercle et à deux anses branchages et fleurettes, sur socle rocaille en bronze ciselé et doré.

Haut., 31 cent.; larg., 27 cent.

349 — Deux candélabres à deux lumières ornés chacun d'une figurine de femme debout en ancienne

porcelaine de Saxe, montée sur un socle ovale à ressauts du temps de Louis XV, en bronze ciselé et doré à rosaces. Ce socle sert de départ à deux branches porte-lumières en bronze doré, garnies de fleurs de porcelaine.

Haut., 31 cent.; larg., 29 cent.

350 — Socle oblong à angles coupés et à gorge en ancienne porcelaine de Saxe, à ornements gaufrés en relief décorés en couleurs et à médaillons sujet Watteau et jetées de fleurs.

Haut., 8 cent.; larg., 18 cent.

351 — Piédouche rond à côtes, en ancienne porcelaine de Saxe à fleurs gaufrées en relief et décoré de jetées de fleurs.

Haut., 7 cent.

SERVICES ET PIÈCES DE SERVICE

352 — Beau cabaret en ancienne porcelaine de Saxe, décoré de sujets de chasse en couleurs de la plus grande finesse d'exécution, reposant sur des motifs d'ornements exécutés en carmin et or. Il se compose d'une grande cafetière, d'un crémier, d'une théière, d'un sucrier, d'un plateau à sucre, d'un bol et de douze tasses à anse avec soucoupes dont six de forme haute et six basses.

353 — Belle écuelle ronde, à deux anses branchages et fleurettes, avec plateau, et couvercle surmonté d'un fruit, en ancienne porcelaine de Saxe, fond bleu d'eau et médaillons quadrilobés cerclés d'or renfermant des sujets dans le goût de Watteau en camaïeu carmin.

Diam., 15 cent.

354 — Écuelle analogue à celle qui précède, décorée de jetées de fleurs et bordée d'une dentelle d'or. Le bouton du couvercle est formé d'une branche de roses.

Diam., 15 cent.

355 — Cafetière en ancienne porcelaine de Saxe à fond jaune et à doubles médaillons quadrilobés bordés d'or, renfermant des vues de villes avec personnages en costumes du XVIIe siècle.

Haut., 22 cent.

356 — Sucrier rond à couvercle surmonté d'une branche de fleurs et cinq tasses rondes sans anse avec soucoupes, de même porcelaine et de décor analogue à la pièce qui précède. Les tasses et les soucoupes sont enrichies d'une dentelle d'or.

Sucrier. Haut., 11 cent.; diam., 10 cent.
Tasse. Haut., 46 millim.
Soucoupe. Diam., 13 cent.

357 — Théière piriforme surbaissée à anse et goulot en ancienne porcelaine de Saxe décorée de

médaillons, sujets chinois encadrés d'ornements dorés à fond violacé et de fleurs polychromes. En plus de la marque, cette pièce porte les lettres K. P. M. (*Konigliche Porzelan Manufactur*).

Haut., 12 cent.

358 — Théière analogue à celle qui précède, mais avec goulot rattaché à la panse à l'aide d'un mascaron fantastique. Les médaillons de celle-ci représentent des paysages animés par de nombreux personnages.

Haut., 13 cent.

359 — Flacon à thé de forme ovoïde et à quatre faces, de même décor que la théière qui précède et provenant du même service.

Haut., 11 cent.

360 — Bol de même décor que les deux pièces qui précèdent et provenant du même service.

Diam., 17 cent.

361 — Sucrier oblong, de même décor que la pièce qui précède. Le bouton du couvercle est formé d'un lapin.

Haut., 9 cent.; larg., 11 cent.

362 — Pot à lait en ancienne porcelaine de Saxe, décoré de médaillons à paysages encadrés d'ornements élégants en noir et or.

363 — Six tasses et cinq soucoupes de même décor.

Haut., 13 cent.

364 — Bol de même porcelaine et de même décor que les pièces qui précèdent.

Diam., 17 cent.

365 — Cafetière analogue au bol qui précède. Les personnages des médaillons sont costumés à l'orientale.

Haut., 21 cent.

366 — Flacon à thé, forme boule, à cannelures dorées et sujets chinois en couleurs rehaussés de dorure.

Haut., 10 cent.

367 — Onze petites tasses oblongues à quatre lobes et à une anse, en ancienne porcelaine de Saxe à bords gaufrés, et décorées de jetées de fleurs.

Haut., 34 millim.

368 — Tasse octogone à anse avec soucoupe, en ancienne porcelaine de Saxe, décorées de paysages avec personnages et bordées d'une dentelle d'or.

Tasse. Haut., 5 cent.
Soucoupe. Diam., 123 millim.

369 — Cuiller en ancienne porcelaine de Saxe à ornements gaufrés et décorée de fleurs polychromes.

Long., 143 millim.

370 — Grand bol à punch de forme hémisphérique et à couvercle surmonté d'un citron, en ancienne porcelaine de Saxe à bords gaufrés à l'imitation de vannerie. Il est décoré de scènes de repas dans le goût d'Hogarth et de jetées de fleurs.

Haut., 25 cent.; diam., 30 cent.

371 — Grand plateau oblong, à contours et à deux anses rocaille et branches de fleurs en relief, en ancienne porcelaine de Saxe, à bord intérieur gaufré à l'imitation de vannerie et décoré de jetées de fleurs polychromes. Il est bordé d'une dentelle d'or.

Long., 58 cent.; larg., 38 cent.

372 — Plat rond à bords festonnés, en ancienne porcelaine de Saxe, décoré au fond d'un sujet de chasse au cerf en couleurs encadré d'ornements dorés, et au marli de quatre bouquets de fleurs.

Diam., 35 cent.

373 — Cafetière à côtes en ancienne porcelaine de Saxe, fond bleu d'eau et médaillons, acteurs de la Comédie italienne et sujet Watteau encadrés d'ornements dorés.

Haut., 19 cent.

374 — Bol en ancienne porcelaine de Saxe à bords gaufrés à l'imitation de vannerie et décoré de

paysages avec personnages dans le goût de Teniers et jetées de fleurs.

Diam., 18 cent.

375 — Deux tasses de forme basse et arrondie à une anse avec soucoupe, provenant du même service que le bol qui précède.

Haut., 53 millim.

376 — Tasse de forme arrondie avec anse à enroulements et soucoupe, en ancienne porcelaine de Saxe, fond bleu imitant le lapis et médaillons jeux d'amours.

Tasse. Haut., 7 cent.
Soucoupe. Diam., 137 millim.

377 — Deux grandes tasses cylindriques à une anse avec soucoupes, en ancienne porcelaine de Saxe, décorées de caricatures exécutées à l'aide d'animaux, encadrées de compartiments imbriqués carmin, de festons de fleurs et d'insectes.

Tasse. Haut. 72 millim.
Soucoupe. Diam., 14 cent.

378 — Tasse ronde sans anse et quatre soucoupes, en ancienne porcelaine de Saxe, à médaillons sujets militaires en camaïeu carmin encadrés d'ornements dorés.

Tasse. Haut., 43 millim.
Soucoupe. Diam., 125 millim.

379 — Tasse haute à anse avec soucoupe, en ancienne

porcelaine de Saxe, à médaillons marines encadrés d'ornements dorés.

Tasse. Haut., 75 millim.
Soucoupe. Diam., 13 cent.

380 — Tasse haute à anse avec soucoupe, en ancienne porcelaine de Saxe, à bord jaune quadrillé et à rosaces et jetées de fleurs et armoiries polychromes.

Tasse. Haut., 68 millim.
Soucoupe. Diam., 130 millim.

381 — Trois tasses basses et arrondies à une anse avec soucoupes, en ancienne porcelaine de Saxe, décorées de médaillons scènes de ports de mer encadrés d'ornements dorés.

Tasse. Haut., 47 millim.
Soucoupe. Diam., 136 millim.

PORCELAINES DIVERSES

382 — Deux petits seaux à deux anses, en ancienne porcelaine de Sèvres, pâte tendre, décorés de filets bleus reliés par des ornements dorés et de jetées de fleurs en couleurs.

Haut., 113 millim.; diam., 115 millim.

383 — Cabaret solitaire en ancienne porcelaine de Sèvres, pâte tendre, décoré d'un semis de roses et de myosotis. Il se compose d'un plateau oblong,

lobé et à deux anses, d'une théière, d'un sucrier et d'une tasse cylindrique avec soucoupe.

Plateau. Long., 30 cent.; larg., 22 cent.

384 — Sucrier à couvercle surmonté d'une fleur, en ancienne porcelaine de Sèvres, pâte tendre, fond bleu de Vincennes à médaillons, oiseaux voltigeant en couleurs, encadrés d'ornements dorés. (Lettre B. 1754.)

Haut., 85 millim.; diam., 3 cent.

385 — Deux plateaux oblongs en porcelaine tendre, fond bleu turquoise à médaillons, sujets champêtres dans le goût de Boucher.

Larg., 29 cent.

386 — Bidet en ancienne porcelaine de Chine à riche décor de fleurs, lambrequins et ornements en émaux de la famille rose avec rehauts de dorure. Le robinet en argent, formé d'un dauphin, est ancien.

Long., 56 cent.; larg., 30 cent.

387 — Bourdalou analogue.

OBJETS DE VITRINE

388 — Étui à cire de forme ovale en or de couleur ciselé à festons de fleurs, rosaces et ornements variés. Époque Louis XVI.

Long., 128 millim.

389 — Porte-allumettes du temps de Louis XVI, de forme ovale, en or de couleur ciselé à fleurs et attributs et à médaillons, trophées, colombes, vase, etc. Le poussoir est formé d'une rose.

Haut., 65 millim.; larg., 43 millim.

390 — Boite à cure-dents de forme oblongue et à bouts arrondis, en or guilloché et émaillé bleu, à attributs gravés incrustés de demi-perles et décorée sur le dessus d'un camp d'amours se détachant en couleurs sur le fond bleu. Travail de Genève du temps de Louis XVI.

Long., 3 cent.

391 — Étui cylindrique en vernis de Martin, décoré de scènes d'intérieur dans le goût de Greuze.

Long., 14 cent.

392 — Anneau large en or, gravé à rinceaux se terminant par des têtes d'animaux fantastiques.

Diam., 26 millim.

393 — Deux grandes boucles de soulier en acier et stras, montées en argent et enrichies de rosaces rapportées en or. Époque Louis XVI.

Larg., 9 cent.

394 — Deux grandes boucles d'oreilles en argent et roses. Travail espagnol du temps de Louis XVI.

395 — Demi-parure composée d'une broche et de deux dormeuses pavées de stras et montées en argent.

396 — Béquille de canne en ancienne porcelaine de Saxe, ornée d'une tête de femme en ronde bosse et décorée de sujets Watteau.

Long., 10 cent.

397 — Grande boite oblongue et à contours en ancienne porcelaine de Saxe, décorée sur toutes ses faces de sujets de chasse finement peints en couleurs et encadrés d'ornements gaufrés en relief.

L'intérieur du couvercle présente un sujet analogue à ceux de l'extérieur et l'intérieur de la pièce est doré.

Long., 95 millim.

398 — Étui cylindrique en ancienne porcelaine de Saxe, décoré de médaillons de paysages encadrés d'ornements rocaille, gaufrés en relief et rehaussés de dorure.

Long., 11 cent.

399 — Dix couteaux à dessert à lames d'argent et à manches en ancienne porcelaine de Chine, décorés de fleurs en émaux de la famille verte.

Longueur totale, 23 cent.

400 — Boite oblongue en or gravé à rinceaux feuillagés.

Long., 65 millim.

401 — Étui à pans en cristal de roche avec bouchon de même matière et monté en or.

Haut., 72 millim.

402 — Broche formée d'une peinture sur émail de forme ovale du temps de Louis XVI, représentant un couple prononçant un serment sur l'autel de l'hymen. Monture en or à cordon émaillé vert, encadrée d'un rang de roses et surmontée d'un ruban également exécuté en roses.

Hauteur totale, 50 millim.

403 — Camée ovale sur agate claire à deux couches. Tête de femme de profil à droite. Monture en or avec rang de roses, filet d'émail noir et entourage de perles fines.

Hauteur totale, 40 millim.

404 — Croix d'or uni, portant sur une de ses faces le mot : MERCI, et sur l'autre la lettre T, exécutés en roses.

Haut., 83 millim.

405 — Boucle de ceinture de forme oblongue en or uni.

406 — Petite châtelaine composée de chaînettes d'or avec attaches et crochet gravés et émaillés gris perle. Elle est accompagnée d'une montre à double boîtier, en or émaillé à médaillon marine

et ornements, et avec cadran portant des chiffres turcs, ainsi que les noms d'*Edward Prior, London.*

407 — Bague d'or, avec chaton orné d'un rubis entouré d'un rang de petits brillants.

408 — Broche d'or, avec cabochon et pendeloque en grenat, entourés et reliés à l'aide de grecques découpées, exécutées en roses.

409 — Nécessaire de poche, en argent repoussé et doré, décoré de rinceaux rocaille, de fleurs et d'oiseaux. Il renferme divers ustensiles montés en argent. Époque Louis XV.

410 — Demi-parure, composée d'une broche et de deux pendants d'oreilles formés de cabochons en cristal, ornés de rosaces et entourés d'ornements exécutés en rubis et diamants.

411 — Deux boucles d'oreilles de style antique, en or, garnies de scarabées en cornaline.

412 — Collier ancien et deux boucles d'oreilles, composés de monnaies turques en argent doré.

413 — Deux petites brosses en nacre gravée et argent. Travail hollandais.

414 — Éventail de belle dentelle blanche, monture en nacre et montants en or, enrichis de rosaces et d'ornements rapportés exécutés en pierres et perles fines, rubis, saphirs, opales, émeraudes, etc.

415 — Tabatière en argent repoussé à sujet de chasse, animaux et ornements. XVIIIe siècle.

416 — Bonbonnière ronde du temps de Louis XVI, en ivoire, galonnée d'or ciselé à chaînette et ornée d'une miniature sur ivoire. Portrait de femme.

Diam., 72 millim.

417 — Boîte ronde en écaille garnie en or. Elle est ornée d'une miniature rectangulaire signée : Bordes, représentant un portrait de jeune fille vue à mi-corps et encadré d'or.

Diam., 85 millim.

418 — Miniature ovale sur ivoire : portrait de femme de trois quarts à droite, portant un costume Louis XVI.

Haut., 43 millim.; larg., 33 millim.

419 — Miniature carrée sur ivoire : portrait de femme de face, vêtue d'une robe jaune, bordée de dentelle blanche.

Haut., 52 millim.; larg., 41 millim.

420 — Miniature rectangulaire sur ivoire, signée : Jacques : portraits du comte de Chambord et de la duchesse de Parme enfants; cette dernière porte une robe blanche brodée.

Haut., 125 millim.; larg., 105 millim.

421 — Miniature ovale en largeur sur ivoire : Amphitrite couchée dans une coquille garnie de draperies blanches et bleues.

Haut., 78 millim.; larg., 127 millim.

CABINET DE TOILETTE

422 — Paire de grands rideaux, fond de toile de lin piqué, richement brodés de soie et d'argent, dessin à rosaces, gerbes de fleurs et guirlandes. garnis de franges et doublés de soierie rouge, avec embrasses et glands assortis.

Haut., 3 m. 40 cent.; larg., 1 m. 68 cent.

423 — Deux grandes et belles portières, fond de toile de lin, richement brodées de soie et d'argent, dessin de rosaces, semis et guirlandes de fleurs; garnies de franges, doublées de damassé de soie rouge.

Haut., 3 m. 35 cent.; larg., 2 m. 10 cent.

424 — Paire de grands rideaux en filet italien ancien.

425 — Paire de rideaux de vitrage en filet italien ancien.

426 — Décoration de cheminée, composée d'une tablette en soierie rouge damassée et de rideaux en même étoffe, ornée de broderies à fleurs, feuillages et fruits en soie, avec embrasses et glands assortis.

Larg., 1 m. 30 cent.; haut., 1 m. 3 cent.

427 — Grand divan en étoffe de soie rouge damassée, recouvert d'une grande tenture en toile de lin, richement brodée à parterre de fleurs en soie de différentes nuances, drapée aux angles et bordée de frange.

Long., 2 m. 10 cent.; profond., 1 m. 5 cent.; haut., 40 cent.

428 — Coussin carré en étoffe de soie rouge damassée, couvert de broderies à fleurs et rosaces, garni de franges.

Long., 60 cent.

429 — Coussin carré, offrant une grande rosace à fleurs, brodé sur toile de lin et monté sur fond d'étoffe de soie damassée, orné aux angles de broderies, fleurs et feuillages; garni de franges.

Haut., 60 cent.

430 — Fauteuil en soie rouge damassée, couvert de broderie de soie, dessin à fleurs, rinceaux et feuillages; garni de franges.

Larg., 68 cent.; haut., 90 cent.

431 — Quatre chaises en bois rose et palissandre, couvertes en soie rouge damassée, ornées de broderies à fleurs, feuillages et rinceaux.

Larg., 40 cent.; haut., 47 cent.

432 — Jolie pendule en bronze ciselé et doré, forme monument à pyramide, ornée de trophées guerriers et surmontée de la couronne royale de France, avec figures d'enfants debout et assis de chaque côté; cadran signé : *Cartier;* socle en bois noir orné de bronze doré. Époque Louis XVI. Posée sur socle en velours rouge.

Haut., 49 cent.

433 — Paire de flambeaux en bronze doré, modèle à figures d'enfants tenant des cornes d'abondance. Époque Louis XVI. Posés sur socles en velours rouge.

Haut., 30 cent.

434 — Jolie coupe ovale en agate orientale, supportée par un groupe de quatre figures d'enfants en argent ciselé, d'Odiot.

Haut., 16 cent.; larg., 20 cent.

435 — Grande et belle potiche en porcelaine du Japon, forme à pans, décor polychrome à rehauts d'or, représentant des scènes à personnages et des corbeilles de fleurs.

Haut., 90 cent.

436 — Grande et belle potiche en porcelaine du Japon, décor polychrome à rehauts d'or, représentant des chimères dans des paysages, avec lambrequins autour du col.

Haut., 90 cent.

437 — Joli lustre en bronze ciselé et doré, à douze lumières, de style Louis XVI.

Haut., 60 cent.

438 — Paire de bras d'applique à quatre lumières en bronze doré, forme cornes d'abondance, d'où s'échappent des rinceaux feuillagés.

Haut., 45 cent.

439 — Deux cornets en faïence italienne, décor à armoiries aux deux aigles avec écussons, figures d'enfants et arabesques feuillagées. XVIIe siècle.

Haut., 22 cent.

440 — Deux cornets en faïence d'Urbino, décor à sujets mythologiques : volées d'amours et char d'Amphitrite. XVIIe siècle.

Haut , 22 cent.

441 — Deux figurines en biscuit de Sèvres : jardinier et jardinière.

Haut., 25 cent.

442 — Petit cartel de voyage en bronze doré, orné

de trophées de musique champêtre. Époque fin Louis XVI.

Haut., 16 cent.

443 — Deux statuettes de biscuit de Sèvres, allégories de l'Automne et de l'Été, représentés par des nymphes debout.

Haut., 35 cent.

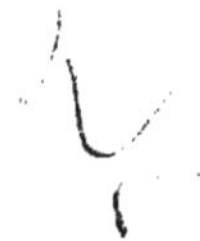

444 — Aiguière en faïence d'Urbino, représentant une allégorie au départ d'Ulysse. XVIe siècle.

Haut., 20 cent.

445 — Table de toilette, garnie de grosse mousseline avec entre-deux en filet ancien.

Haut., 71 cent.; larg., 90 cent.; profond., 60 cent.

446 — Trois paires de rideaux de vitrages en filet italien ancien.

447 — Groupe en bronze argenté, représentant Silène, soutenu par une bacchante et un satyre.

Haut., 17 cent.

448 — Petite figurine en bronze : *Hercule debout*, sur socle en marbre vert. XVIe siècle.

Haut., 17 cent.

449 — Petite figurine en bronze : *le Petit Faune musicien*, sur socle en marbre jaune. XVIIe siècle.

Haut., 16 cent.

450 — Deux jolis petits bustes : *Empereurs romains*, l'un en rouge antique, l'autre en jaspe ; montés sur colonnettes en jaspe. XVIe siècle.

Haut., 13 cent.

451 — Tapis de Perse, fond gros bleu à petit dessin, bordure verte.

Long., 5 mètres; larg., 3 mètres.

452 — Paire de beaux chenets en bronze doré de style Louis XVI, avec galerie à balustres.

TABLEAUX

BRACKELEER

(FERDINAND DE)

453 — *L'École d'enfants au village.*

Signé à gauche et daté 1861.

Bois. Haut., 46 cent.; larg., 61 cent.

EECKHOUT

454 — *La Brouille.*

Signé à gauche et daté 1837.

Bois. Haut., 84 cent.; larg., 68 cent.

GENISSON

455 — *La Confirmation. (Intérieur de cathédrale.)*

Signé à gauche et daté 1889.

Bois. Haut., 77 cent.; larg., 68 cent.

HOBBÉMA

(Attribué à)

456 — *La Forêt.*

Sur la lisière d'une forêt on aperçoit au premier plan, à gauche, de grands chênes et des arbres de haute futaie ; à droite, une mare, dans laquelle viennent s'abreuver des animaux.

Plus loin un berger gardant des moutons ; un pâtre conduit des bestiaux vers une auberge et des chaumières à demi cachées par les grands arbres de la forêt.

Ciel nuageux.

Ce tableau que nous attribuons à Van Loonen, un des imitateurs les plus parfaits de Ruysdaël et d'Hobbema, montre dans cette peinture des qualités d'invention, de vigueur et de poésie, qui en font une œuvre digne des grands paysagistes de la Hollande.

Toile. Haut., 1 m. 24 cent.; larg., 1 m. 2 cent.

JORDAENS

(JACOB)

457 — Un Grand plafond peint sur toile et marouflé sur le mur, représentant *le Triomphe de Neptune.*

ROBERT

(LÉOPOLD)

458 — *Le Vieux Pâtre.*

Toile. Haut., 47 cent.; larg., 37 cent.

RUYSDAËL

(SALOMON)

459 — *L'Abreuvoir, paysage avec figures et animaux.*

Au premier plan, un cours d'eau dans lequel viennent s'abreuver des bestiaux.

A droite, un bois où l'on aperçoit des chaumières,

A gauche, une éclaircie sur la campagne.

Tableau important dans l'œuvre du peintre qui a travaillé avec finesse et talent, dans la manière de son frère qui était son maître, et aussi dans le coloris blond de Van Goyen.

Bois. Haut., 84 cent.; larg., 1 m. 16 cent.

SENAVE

460 — *Intérieur d'une boutique d'épiceries en Hollande.*

Bois. Haut., 68 cent.; larg., 48 cent.

TENIERS

(Attribué à)

461 — *La Fileuse.*

Toile. Haut., 36 cent.; larg., 27 cent.

WARDIGH

462 — *Les Redevances.*

Signé à droite et daté 1760.

Bois. Haut., 54 cent.; larg., 41 cent.

WARDIGH

463 — *La Consultation.*

Pendant du précédent.
Signé à gauche et daté 1760.

Bois. Haut., 54 cent.; larg., 41 cent.

ÉCOLE FLAMANDE

464 — *Paysage : Ruisseau sous bois.*

Bois. Haut., 24 cent.; larg., 20 cent.

ÉCOLE FLAMANDE

465 — Un grand tableau peint sur toile, représentant *Achille découvert par Ulysse à la cour de Lycomède.*

ÉCOLE FRANÇAISE

466 — *Portrait de dame de qualité.*

Toile. Haut., 93 cent.; larg., 73 cent.

467 — Tableaux non catalogués.

OBJETS PROVENANT DE LA VILLA DE LA MALMAISON

468 — Grande glace biseautée avec cadre, à fond de glace montée en bois sculpté et doré, décor à chaînette et tores de laurier, ornée dans le bas et sur les côtés de grands enroulements feuillagés avec chutes de fleurs, couronnée par un fronton orné dans le même goût. Style Louis XIV.

Larg., 2 m. 67 cent.; haut., 2 m. 80 cent.

469 — Deux glaces biseautées, avec cadres en bois sculpté et doré, dessin à chaînettes, ornées de chutes de fleurs avec frontons cintrés à guirlandes de fleurs, couronnes et festons de rubans. Style Louis XVI.

Larg., 1 m. 75 cent.; haut., 2 m. 74 cent.

470 — Beau lustre à cinquante lumières, de forme Louis XIV, en bronze doré très richement orné de pyramides, de plaquettes, de pendeloques anciennes et de fleurs en cristal taillé.

Haut., 1 m. 90 cent.

471 — Quatre belles appliques, à sept lumières, en bronze doré, richement ornées de plaquettes, de pendeloques et de fleurs en cristal taillé. Style Louis XIV.

Haut., 90 cent.

472 — Deux belles lanternes processionnelles en cuivre repoussé et doré, décor à godrons et enroulements. XVIIe siècle.

Haut., 1 mètre.

473 — Belle table rectangulaire, en bois sculpté et doré, avec pieds ralliés par un croisillon à brûle-parfums, enguirlandée, décorée tout autour, de chaines de fleurs attachées à des têtes de béliers par des festons de rubans ; bandeaux à jour à arabesques dessus en marbre brocatelle. Style Louis XVI.

Long., 1 m. 40 cent.; larg., 90 cent.; haut., 90 cent.

474 — Belle console en bois sculpté et doré, supportée par quatre pieds à griffes de lions, ralliés par de grands enroulements, et décorée sur le devant et sur les côtés de coquilles, de rocailles et de feuillages; dessus en marbre brèche de Sicile. Époque Louis XIV.

Larg., 1 m. 65 cent.; prof., 65 cent.; haut., 90 cent.

475 — Jolie commode de forme très cintrée, en bois rose et palissandre, richement ornée de bronzes dorés ; dessus en marbre vert de mer. Époque Louis XVI.

Larg., 1 m. 40 cent.; haut., 80 cent.

476 — Belle banquette en bois sculpté, avec dossier à fronton, décor à ogives fleuronnées avec écusson et couronne fleurdelisés. Travail partie gothique.

Long., 1 m. 90 cent.; haut., 1 m. 50 cent.

477 — Portemanteau formant jardinière, en bois sculpté, décoré de cariatides et de médaillons à scènes allégoriques, couronné par un fronton. Style Renaissance.

Larg., 78 cent.; haut., 2 m. 80 cent.

478 — Jolie commode en marqueterie de bois, dessin à quadrillés avec médaillon à fleurs et bandeau à chainettes, ornée de bronzes dorés; dessus en marbre gris rosé veiné. Époque Louis XVI.

Larg., 1 m. 30 cent.; haut., 80 cent.

479 — Pannetière en bois sculpté, décor à fleurs et corbeilles en bas-relief. Époque Louis XV.

Larg., 80 cent.; haut., 78 cent.

480 — Console-support, forme architecturale, en bois sculpté, avec fronton à tête de chérubin. Époque Louis XIII.

Larg., 42 cent.; haut., 1 m. 10 cent.

481 — Belle jardinière de forme mi-circulaire, en bois sculpté, offrant en haut-relief des fêtes de naïades, de satyres et de tritons, dans les flots de la mer.

Larg., 1 m. 75 cent.; haut., 50 cent.

482 — Console en bois sculpté et doré, bandeau à chainettes; dessus en marbre blanc. Époque Louis XVI.

Larg., 1 m. 12 cent.; haut., 88 cent.

483 — Table à jeu en acajou incrusté de filets de cuivre et ornée de moulures en cuivre. Style Louis XVI.

Larg., 85 cent.; haut.; 75 cent.

484 — Table à jeu en acajou, incrusté de filets de cuivre et ornée de moulures en cuivre. Style Louis XVI.

Larg., 85 cent.; haut., 75 cent.

485 — Beau panneau en bois sculpté, représentant le triomphe d'Apollon avec encadrement à grands enroulements et fleurs. Époque Louis XIV.

Larg., 1 m. 5 cent.; haut., 75 cent.

486 — Grand plat en cuivre repoussé, offrant au centre un groupe équestre, avec bordure à guirlandes de fruits, écusson à fleur de lis, médaillon à buste de personnage et lion héraldique. Style Louis XIII.

Diam., 1 m. 10 cent.

487 — Deux panneaux de meuble, offrant, en haut-relief, des bustes d'hommes, ornés de feuillages aux angles. XVIe siècle.

Haut., 36 cent.; larg., 34 cent.

488 — Fronton en bois sculpté, représentant des groupes à figures allégoriques et des trophées guerriers. Époque Louis XIV.

Larg., 70 cent.; haut., 32 cent.

489 — Cadre en bois sculpté et doré. Louis XIV.

Haut., 1 m. 35 cent.; larg., 85 cent.

490 — Fronton en bois sculpté représentant une alliance d'armoiries. XVIe siècle.

Larg., 1 mètre; haut., 60 cent.

491 — Jolie garniture de cheminée, en marbre blanc et bronze doré, composé d'une pendule forme monument, surmontée d'un vase orné de guirlandes, offrant tout autour du monument des chaînes de feuillages et des chutes de vignes. Le socle présente une couronne de fleurs et des arabesques. Cadran signé *Baillon Paris*; deux candélabres en forme d'autel supportés par trois cariatides à têtes de bacchantes et pieds de boucs montés de bouquets de marguerites et de feuillages à lumières. Époque Louis XVI.

Pendule. Larg., 27 cent.; haut., 49 cent.
Candélabres. Haut., 54 cent.

492 — Deux bras d'applique, en bronze doré Louis XVI, modèle à rinceaux feuillagés et vases enguirlandés de laurier à trois lumières.

Haut., 46 cent.

493 — Deux bras d'applique à une lumière, en bronze doré Louis XV, ornés de masques de bacchantes.

Prof., 26 cent.

494 — Deux petits bras d'applique en bronze doré, modèle au carquois. Louis XVI.

Haut., 16 cent.

495 — Pendule à cage montée en bronze doré, forme de monument, style Louis XVI, sur socle en marbre jaune de Sienne.

Haut., 57 cent.; larg., 26 cent.

496 — Paire de girandoles à trois lumières, en bronze ciselé et doré. Style Louis XVI.

Haut., 45 cent.

497 — Trois paires de flambeaux en bronze ciselé et doré, style Louis XVI, modèle à carquois, ornés de têtes et de pieds de béliers.

Haut., 24 cent.

498 — Paire de flambeaux en bronze doré, bordure perlée et tores de laurier. Style Louis XVI.

Haut., 28 cent.

499 — Joli médaillon offrant en sculpture sur bois un sujet allégorique à figures d'amours avec inscription au-dessous : *Heureux à qui le Dieu des cœurs se fait sentir sans se faire connaître.* Encadré. Époque Louis XVI.

Haut., 18 cent.; larg., 15 cent.

500 — Joli petit coffret en ambre enrichi à l'intérieur et à l'extérieur de bas-relief en ivoire, représentant des sujets mythologiques et des médaillons à bustes de personnages. XVIe siècle.

Larg., 24 cent.; haut., 27 cent.

501 — Aiguière de pharmacie en faïence italienne, décor à armoirie en couleur, fond blanc à fleurs et feuillages en bleu. XVIIe siècle.

Haut., 34 cent.

502 — Piano à queue en palissandre d'Érard.

503 — Piano en palissandre de Pleyel.

504 — Lustre de style flamand à douze lumières, en cuivre poli.

505 — Petit lustre en bronze ciselé et doré à douze lumières. Style Louis XVI.

506 — Huit panneaux boiserie, finement sculptés, dessins de la Renaissance pour portes et montants.

507 — Lot de boiseries formant encadrements et corniches de décoration de salon, dessins à grands enroulements.

508 — Haut-relief sur bois : buste de femme. XVIe siècle.

509 — Six beaux vitraux du XVIe siècle, représentant des sujets allégoriques, des armoiries et des inscriptions.

510 — Petite lanterne en cuivre repoussé, représentant Diane et les Nymphes surprises par Actéon.

511 — Six petits vitraux ronds à sujets et écussons. XVIe siècle.

512 — Lot de cent quarante-cinq petits vitraux pour fonds de châssis.

ÉTOFFES — TAPISSERIES

513 — Grande et belle portière en ancienne tapisserie, représentant au milieu d'un merveilleux paysage des enfants cherchant des nids d'oiseaux.

Haut., 2 m. 80 cent.; larg., 3 m. 60 cent.

514 — Très belle portière en ancienne tapisserie, représentant dans un parc des enfants greffant des arbres.

Haut., 2 m. 80 cent.

515 — Deux belles pentes en ancienne tapisserie, représentant des amours prenant leurs ébats au milieu de guirlandes de fleurs et de fruits.

Ces dernières tapisseries font suite à celles du salon.

Haut., 2 m. 85 cent.; larg., 47 cent.

516 — Belle garniture de siège, en peluche marron brodé, ornée d'applications de broderie de la Renaissance, à têtes de chérubins et de fous au milieu de rinceaux et de corbeilles de fleurs.

Long., 1 m. 5 cent; larg., 60 cent.

517 — Joli écran en tapisserie, au petit point, représentant le rêve de Joseph; bordure à fleurs et arabesques. Époque Louis XIII. Encadré de velours rouge.

Long., 75 cent.; larg., 65 cent.

518 — Très beau couvre-pieds en satin crème, richement brodé à rosaces, fleurs et rinceaux. Époque Louis XV.

Long., 3 m. 22 cent.; larg., 2 m. 55 cent.

519 — Très beau couvre-lit en satin blanc, richement brodé de fleurs, de rosaces et d'ornements, garni de franges de soie et de glands. Époque Louis XIV.

Long., 3 m. 50 cent.; larg., 2 m. 50 cent.

520 — Belle pièce de tenture en satin violet broché d'or et d'argent à fleurs.

521 — Jolie pièce de tenture en soie violette, brochée d'or à fleurs et branchages.

522 — Écran en tapisserie Louis XIV, représentant les femmes de Darius venant implorer la clémence d'Alexandre. Encadré de fleurs et d'enroulements. Travail au point et au petit point.

523 — Grande bande en satin violet broché d'or et d'argent à palmes et feuillages.

524 — Robe en sicilienne violette, brochée d'or à palmes enchaînées et bouquets de fleurs.

525 — Robe en sicilienne violette, brochée d'or à fleurs et festons.

526 — Robe en satin violet, broché d'or à semis de fleurs et de feuillages.

527 — Robe en étoffe fond bleu broché, à fleurs Louis XV.

528 — Robe en soierie fond prune, brochée à bouquets de fleurs et feuillages Louis XV.

529 — Robe en soierie bleu clair, brochée à fleurs.

530 — Panneau en broderie orientale, dessin dit mosaïque à rosaces, fleurs et ornements sur fond de drap de différentes nuances.

531 — Deux charmants panneaux, en tapisserie d'Aubusson représentant des sujets champêtres à petits personnages, avec encadrements à rinceaux enguirlandés de fleurs. Époque Louis XVI.

532 — Quatre morceaux de tapisserie, dessin à guirlandes de fleurs. Époque Louis XVI.

533 — Bande en ancienne tapisserie à fleurs et fruits.

Long., 2 m. 10 cent.; larg., 30 cent.

534 — Bandeau en ancienne tapisserie, dessin à guirlandes de fleurs, coquilles et rinceaux.

Long., 2 m. 75 cent.; larg., 29 cent.

535 — Petit bandeau en ancienne tapisserie, dessin à lambrequins, à corbeilles de fleurs et coquilles.

Long., 85 cent.; haut., 37 cent.

536 — Deux beaux lambrequins en drap bleu offrant au centre une armoirie surmontée d'une couronne et tout autour des arabesques en broderie et applications. XVIIIe siècle.

537 — Tapis oriental en drap brodé, dessin à rosaces ornements et guirlandes ; bordure fond rouge.

538 — Panneau de tenture en broderie d'Orient, dessin à rosaces sur fond de drap rouge, encadré de

drap bleu et de drap jaune, brodé à palmes et guirlandes, surmonté d'un bandeau à médaillons.

539 — Beau dessus de divan en broderie d'Orient, dessin à fleurs et arabesques sur fond de drap noir, encadrement fond rouge.

540 — Bande en drap rouge brodé à vases de fleurs. Travail d'Orient.

541 — Lot de bandes, en drap rouge brodé, d'Orient.

542 — Six morceaux de broderie au point de Hongrie, dessin à fleurs, oiseaux et rinceaux. XVIe siècle.

543 à 553 — Fort lot de nombreuses bandes en ancienne tapisserie. (Sera divisé.)

554 — Lot de franges anciennes.

555 — Plusieurs bandes en filet vénitien brodé.

556 — Belle dentelle d'or, ancienne.

557 — Coupe de drap d'or. Environ 15 m. 50 cent.

www.ingramcontent.com/pod-product-compliance
Ingram Content Group UK Ltd.
Pitfield, Milton Keynes, MK11 3LW, UK
UKHW020321180726
13839UKWH00002B/510